FISCHER

Mirja Boes

Es ist nicht alles Mett, was glänzt

Meine kulinarische Reise durchs Leben

FISCHER

Aus Verantwortung für die Umwelt hat sich der S. Fischer Verlag zu einer nachhaltigen Buchproduktion verpflichtet. Der bewusste Umgang mit unseren Ressourcen, der Schutz unseres Klimas und der Natur gehören zu unseren obersten Unternehmenszielen.

Gemeinsam mit unseren Partnern und Lieferanten setzen wir uns für eine klimaneutrale Buchproduktion ein, die den Erwerb von Klimazertifikaten zur Kompensation des CO_2-Ausstoßes einschließt.

Weitere Informationen finden Sie unter: www.klimaneutralerverlag.de

MIX
Papier aus verantwortungsvollen Quellen
FSC® C083411

Originalausgabe

Erschienen bei FISCHER Taschenbuch
Frankfurt am Main, Juni 2022

Redaktionelle Mitarbeit: Jörg Uebber
Lektorat: Hanne Reinhardt
Illustration: Jochen Wigand

Satz: Dörlemann Satz, Lemförde
Druck und Bindung: CPI books GmbH, Leck
Printed in Germany
ISBN 978-3-596-70653-2

Mett, Sie kennenzulernen

Hallo. Mein Name ist Mirja Boes und ich habe dieses Buch geschrieben. Und Sie sind? Ich kann Sie zwar nicht hören, aber ich denke, wir haben eine ganz tolle Gemeinsamkeit! Wir essen gerne. Zack! Ein Match! Wir werden Freunde. Fertig.

Falls Sie nicht gerne essen. Das kriegen wir hin. Immerhin essen Sie ja irgendwas, sonst wären Sie so schwach, dass Sie nicht mal dieses schmale Büchlein halten könnten.

Vorgestellt haben wir uns also. Weiter geht's. Ich hol mal aus. Achtung! Jetzt!

Nix wird so heiß gegessen, wie es gekocht wird. Viele Köche verderben den Brei. Futtern wie bei Muttern. An apple a day keeps the doctor away. Essen ist der Sex des Alters. Liebe geht durch den Magen. Was der Bauer nicht kennt, frisst er nicht. Der Mensch ist, was er isst. Einen Prosecco aufzumachen ist auch irgendwie kochen. Der Appetit kommt beim Essen. Käse schließt den Magen! Wenn du aufisst, gibt es schönes Wetter. Der Mensch lebt nicht vom Brot allein. Nach dem Essen sollst du ruh'n oder tausend Schritte tun. Das macht den Kohl nicht fett. Alles in Butter!

Warum ich all diese Redensarten kenne? Das weiß ich nicht, und es ist mir auch Wurst! Haha!

Aber denken Sie nicht auch, dass gerade ich ein Buch übers Essen schreiben sollte, wenn ich es doch selber so gerne tue? Und das tue ich. Mal esse ich mehr, mal weniger. Mal gesund, mal Quatsch. Und genau für diesen Quatsch will ich mich nicht schämen, und Sie sollten das auch nicht tun.

Hängen Sie auch mal nachts um drei am Kühlschrank? Na und? Wer Hunger hat, sollte essen dürfen. Und manchmal darf es natürlich auch etwas Ungesundes und Unvernünftiges sein.

Ganz wichtig! Damit wir das gleich geklärt haben: Ich will Sie nicht bekehren und jeder soll nach seiner Façon glücklich werden, aber ich will auch nicht bekehrt werden.

Ich will ab und an stolz rausbrüllen: »Ja, ich habe diese Nacht noch die kalte Pizza von gestern komplett aufgemampft, und sie war spitze!«

Folgen Sie mir gerne auf dieser kulinarischen Reise durch alle erdenklichen Speisen und Lebenslagen. Und das ist jetzt nicht nur so eine Floskel! Es geht auf den nächsten Seiten mit mir in den Urlaub nach Spanien, Frankreich, sogar nach Essen – also die Stadt. Wir sitzen gemeinsam in meiner Kindheit vorm Fernseher, und Sie sind ganz nah dabei, wenn ich in Rom mit voller Inbrunst … ach, das lesen Sie am besten selbst.

Ich werde alles offen und ehrlich ansprechen, und das kann manchmal etwas eklig werden. Versprochen! Meine Familie kommt auch vor. Die hier auf der Erde und die im Himmel. Spoiler! Die meisten haben das Buch schon gelesen und ich darf es trotzdem veröffentlichen!

Noch eine Sache liegt mir am Herzen: Haben Sie bitte Spaß! Kneifen Sie sich zwischendurch in den kleinen oder größeren Bauchspeck und denken Sie: »Na und?« Ich tu's beim Schreiben auch.

Legen Sie auch gerne mal dieses Buch zur Seite und brutzeln sich spontan etwas in der Pfanne zusammen. Tun Sie, was auch immer Sie tun wollen. Jetzt ist es sowieso zu spät. Sie halten es ja bereits in Ihren Händen. Entweder weil Sie es sich freiwillig gekauft haben, oder es war das Geschenk eines ganz, ganz lieben Menschen. Und hey: So ein Buch ist doch besser als ein Gutschein. Hoffe ich ... Laden Sie den Schenker doch gerne einmal fett zum Essen ein. Was auch immer Sie tun, bedenken Sie: »Es ist nicht alles Mett, was glänzt!«

Ich auf alle Fälle freue mich auf unsere gemeinsame Reise und auch auf Ihr Gesicht beim Lesen. Verdammt! Kann ich ja gar nicht sehen! Dann stelle ich es mir eben vor.

Und jetzt hören Sie mal mit dem Vorgeplänkel auf und fangen endlich an zu lesen!

Ihre Mirja Boes

Klein-Mirja am Fuße des Mount Sauerkraut

Ich bin als Lehrerkind aufgewachsen, was auch Vorteile hat. Ich durfte zum Beispiel immer und überall lernen, wo ich wollte. Mathe beim Zähneputzen. Bio im Supermarkt, und auf dem Weg nach Hause machen wir noch einen kleinen Ausflug in die Physik. Hurra. Als Lehrerkind bekommt man alles ganz genau erklärt, auch wenn man nicht will. Alles in der Hoffnung, dass es sich irgendwo im Hirn verfängt. Nicht für die Schule. Nein. Fürs Leben natürlich.

»Mama, welcher Tag ist morgen?« – »Freitag ... Wusstest du eigentlich, dass der Freitag nach der nordischen Gottheit Freya benannt wurde. Freya ist die Göttin der Liebe und Ehe. Nimm bitte den Finger aus der Nase und hör zu. Hallo? Hallo! Übrigens: Weißt du eigentlich, was Hallo auf Japanisch heißt? Moshimoshi! Ist das nicht lustig?«

Nein. Ist es nicht. Meine Eltern waren nie so. Aber es gibt sie. Diese Eltern, die mit großen, erwartungsvollen Augen auf dem Schulhof auf ihr kleines Wunderkind warten und denken: »Ob er seiner Lehrerin wohl erzählt hat, warum der Freitag Freitag heißt? Vielleicht ist er ja sogar in den Unterricht gestürmt, hat sich vor die Klasse gestellt und gerufen: »Moshimoshi, liebe Mitschüler! Das ist japanisch!«

So stehen sie da, sie platzen vor Vorfreude, und der Stolz will ihnen schon aus den Augen laufen und dann öffnen sie das Tor zum Jubel mit der einen, alles entscheidenden Frage: »Und? Wie war die Schule?« Antwort: »Schön.« Und ich steh auf dem Spielplatz und beömmel mich, während meine Kinder Schnee essen. »Aber nicht den gelben, ne?!« Herrlich.

Ich warte auf das erste TV-Duell. In der linken Ecke ein übermotivierter Vater, ein Wikipedia-Bildungsbürger und Hobby-Akademiker, der auf alles eine Antwort hat. Und in der rechten Ecke: Malte, der siebenjährige Nachwuchsbesserwissenschaftler mit Leistungskurs Dinosaurierkunde, der immer nur eines fragt: »Warum? Warum? Warum? Warum?«

Aber wir schweifen ab. Also ich. Beim Schreiben. Aber Sie lesen es ja auch. Also sind wir beide schuld. So. Weiter im Text.

Als Lehrerkind hat man viele Vorteile. Und zwar nicht nur, dass ich bereits im Alter von acht schon so ziemlich jeden doofen Spitznamen gehört hatte, den sich Mitschüler ausdenken können. Mein Vorteil: Ich wurde von meinen Eltern nicht vegan oder vegetarisch ernährt, sondern diplomatisch-pädagogisch. Es gab nur eine goldene Regel: Alles muss probiert werden, bevor ich »Bäh!« sagen darf. Klingt einfach, bedeutet aber auch eine Menge Mut. Vor allem bei mir.

Erinnern Sie sich bitte kurz an Prominente im Dschungelcamp, die ein Genital essen sollen oder gar eine ganze Spinne in den Mund nehmen müssen. Oder, falls Sie so was natürlich niemals nicht gucken würden: Stellen Sie sich die Bilder einfach vor.

So habe ich mich bei Kohlrabi gefühlt. Und bei Rote Beete. Aber ich habe auch viele schöne Erfahrungen gemacht, und meine Eltern haben es mit der goldenen Probierregel nie übertrieben. Es gab sogar eine offizielle Ausnahme! Zunge. Die gab es traditionell immer an einem Abend in dem Hotel in Italien, wo wir unseren Skiurlaub verbrachten. Zunge ... würg! Allein die Konsistenz, wenn du darauf beißt. Das ist so zäh und gummiartig und tut außerdem verdammt weh. Da hatten meine Eltern ein Einsehen.

Zweite Regel. Okay. Es gab auch eine zweite Regel. Alles, was ich mir selbst nehme, muss ich aufessen. Ansonsten wurde es einfach so lange aufgetischt, bis ich es komplett weggeputzt hatte.

Ich weiß noch, wie ich eine Woche lang den Mount Sauerkraut mit mir rumgeschleppt habe. Anfangs hatte der noch so lustig gerochen und so toll gedampft. Mir lief das Wasser im Mund zusammen, schon bevor ich das Sauerkraut im Mund hatte. Deswegen nahm ich mir eine so große Portion, dass mein Bruder mir beim Tragen helfen musste. Nach zwei Gabeln war allerdings klar: Das Zeug esse ich auf keinen Fall. Nach zwanzig Minuten Stochern und einer ebenso langen Diskussion mit meinen Eltern war aber ebenfalls klar: Das Zeug esse ich auf jeden Fall. Sieben Tage hab ich gebraucht.

Und falls unter den Lesern jetzt ein Nahrungsmittelbiologe mit Fachgebiet Gärungskunde sein sollte, der rumspießert und lauthals aufschreit: »Was? Sieben Tage? Das ist unmöglich! Das verkommt doch.« Dem sei gesagt: »Stimmt, aber Pech, ich find's lustig!« Außerdem ist das mein Buch, und da kann ich alles behaupten, was ich will! Hihi.

Also: SIEBEN Tage habe ich vor dem Mount Sauerkraut gesessen, während meine Familie sich fröhlich durch die Woche mampfte. Auf der anderen Seite: Hätte ich den Mount Sauerkraut bei einer einzigen Mahlzeit verspeist, wäre ich wohl sieben Tage als Luftballon durchs Haus geschwebt. Regel zwei war also super! Zumindest wenn es darum geht, schnell das Dosieren zu lernen.

Das Schokoparadies im Schrank

Dosieren war ein großes Thema bei uns und galt natürlich auch für Süßigkeiten. Die wurden in meiner Kindheit traditionell in einer großen Schrankwand in Eiche rustikal aufbewahrt. Die bestand klassischerweise aus jeder Menge Türen und Schubladen. In der Mitte war eine Glasvitrine verbaut. Angeber konnten die sogar beleuchten! Normalerweise interessieren sich Kinder nicht so sehr für Schrankelemente. Außer vielleicht in Sachen Wohnzimmer-Freeclimbing, wenn die Eltern mal weg sind. Wäre da nicht dieses eine, ganz besondere Fach gewesen. Ich bin mir sicher: Das gab es in jeder Schrankwand der 70er und 80er. Das Süßigkeitenfach.

Großeltern hatten mitunter eine ältere Version in Form einer Art Klappe. Dahinter war ein verspiegeltes Fach. Da standen die guten Gläser. »Achtung: Nicht umschmeißen! Die sind teuer. Und Oma kriegt jedes Jahr zu Weihnachten ein neues.«

Gleich neben den Kostbarkeiten standen die Stars einer jeden Kindheit: die Süßigkeiten. Großeltern hatten die Angewohnheit, Dinge zu sagen wie: »Wenn du was Süßes möchtest, nimm dir.« Ein einfacher Satz, der eine komplette Kindheit total verändern kann. Ich kenne Kinder, die sich vorgestellt haben, wie sie heimlich in diese Klappe klettern und dort ein ganzes Wochenende verbringen. Eingeschlossen im Süßigkeiten-Paradies. Es wäre vollkommen okay, solange man die guten Gläser nicht beschädigt. Gut, irgendwann wäre die Klappe zu klein, und der pralle Kinderbauch würde aus den Ritzen der Schrankwand quellen, aber bis dahin wäre es einfach das perfekte Leben.

Meine Eltern hatten auch einen Süßigkeitenschrank, der gut gefüllt mit Leckereien im Wohnzimmer stand. Er wurde ebenfalls nicht abgeschlossen, und man durfte sich bedienen. Allerdings mit der nicht ganz unwichtigen Information: »Was weg ist, ist weg!« Befüllt wurde der Schrank alle vierzehn Tage. Also: Tür auf, Mund auf und rein damit. Schokolade, Weingummi, Kaugummi, alles mit Gummi, Schaumküsse, Kekse, am Ende sogar die trockenen Kekse ohne Schokoüberzug. Alles hab ich in mich reingeschaufelt und noch mehr. Aber ich erspare Ihnen die Aufzählung. Allein vom Lesen würde sonst der Insulinspiegel explodieren. Es war ein Hochgefühl. Ich war high. Die Welt lag mir zu Füßen!

In meiner Erinnerung stehe ich mit ausgebreiteten Armen vor dem Süßigkeitenregal und rufe: »Ich bin die Königin der Welt! Ich bin die Herrscherin von Legoland, Phantasialand und Playmobil. Ich bin unbesiegbar! Vierzehn Tage! Pah! Was für eine läppische Drohung! Vierzehn Tage – das ist ein Sommerurlaub, und jedes Kind weiß, wie schnell solche Ferien vorbei sind. Wie schlimm kann es also sein, wenn man ein paar Tage auf Nachschub warten muss?« Ich kann sagen: Es ist die Hölle.

Vor allem, wenn der Zuckerschock vorbei ist und die Bauchkrämpfe einsetzen. Wenn man sabbernd der Erde zu Füßen liegt und denkt: »Warum habe ich das getan? Warum habe ich die gesamte Gummibärchenbevölkerung ausgerottet?« Und wenn die Bauchkrämpfe endlich aufhören und sich dieses andere Gefühl einstellt. Es ist ein Gefühl wie an Tag eins nach den Sommerferien, wenn man denkt: Krass, bis zu den nächsten Sommerferien sind es jetzt noch exakt siebenundzwanzig Millionen Tage!

Vierzehn Tage! Die Zeit zieht sich wie der leckere Kaugummi aus dem Süßigkeitenfach.

Dreizehn Tage! Die Geduld schmilzt wie Schokolade aus dem Süßigkeitenfach.

Zwölf Tage! Das Leben ist so hart wie das vertrocknete Weingummi, das ich nach langem Suchen in der hinteren Ecke vom Brett geknibbelt hatte ... aus dem Süßigkeitenfach.

Ich konnte an nichts anderes denken. Und so lernte ich auch hier schnell und schmerzvoll die richtige Dosierung. Schmerzvoll ganz zu Beginn, also wenn man sich gleich am ersten Tag alles reingeschoben hatte und dann röchelnd und würgend mit Magenverstimmung vor dem Schrank daniederlag. Und schmerzvoll die letzten elf Tage, in denen man in die gähnende Leere der Höhle in Eiche rustikal starrte.

Gott sei Dank habe ich diese Dosierungsgeschichte bis heute komplett verdrängt. Und wenn meine Kinder heute gar nicht so viele Süßigkeiten essen, dann liegt das daran, dass Mutti sie oft noch spätabends in sich reingeschaufelt hat.

Ich habe die SRNI-Zeit gestoppt. Also die Süßigkeitenreserven-Nachfüll-Intervalle. Die sind bei mir nicht vierzehn Tage lang, sondern vierzehn Minuten. Grüße an dieser Stelle an die Tankstelle um die Ecke! Echt toll, dass die vierundzwanzig Stunden geöffnet haben. Manchmal hole ich mir noch eine Packung Schoko-Koalas und gönn mir die auf die gute alte Zeit, in der meine Nahrungsaufnahme noch von den zwei goldenen Regeln geprägt war.

Wir dürfen dieses Kapitel natürlich nicht verlassen, ohne darüber zu fachsimpeln, welches denn meine Lieblingssüßigkeiten aus dem geheimnisvollen Schrank waren. Da das Gummibärchenangebot damals doch recht viel schlichter war als heute: Haribo Goldbären, fertig!

Mittlerweile gibt es ja Gummitiere in wirklich allen Farben und Größen. Ich hatte noch vor einer Woche ein Gummibärchen aus dem Kiosk, das nicht nur so aussah wie ein Spiegelei, sondern auch noch die Originalgröße hatte. Echt! Wirklich! Ungelogen! Na ja, ein bisschen kleiner war es schon, aber toll! Oder, kennt jemand diese kompletten Augäpfel zum Essen? Toll sind die! Der A-Apfel, also der »Aug«, besteht aus weißer Schaummasse und die Iris aus einem farbigen Gummibärchen. In der Mitte, quasi als Augenflüssigkeit oder Hirn, gibt es noch eine zähe, sehr süße Schleimigkeit, die aber auch erfrischend sauer schmeckt. Mit so etwas kann man mir zu jeder Tageszeit eine Freude bereiten. Also: Falls Sie mich mal irgendwo treffen sollten, überraschen Sie mich gerne!

So, aber jetzt zurück zum süßen Schrank von damals, als

es noch keine essbaren Augen gab. Da war es die gute, alte Kinderschokolade. Ja, ja, damals sah der Riegel noch nicht wie eine Mini-Ansammlung von »Halfpipes« aus, sondern er war dreiteilig mit nur kleinen Lücken dazwischen, und auf jedem Abschnitt waren eine kleine Krone und oben und unten drei kleine Schrägstriche in die Schokolade eingelassen. Man konnte die braune Schokolade noch viel besser von der weißen Milchcreme ablutschen als heute, was ich heimlich immer gemacht habe. Heimlich deswegen, weil es eigentlich abartig ist, sich etwas in den Mund zu stecken, darauf rumzulutschen und den erbärmlichen, angeseierten Rest wieder rauszuziehen. Mein Gott, was lesen Sie da denn für schlüpfriges Zeug! Sie sollten sich wirklich etwas schämen! Ich spreche hier von einem Schokoriegel. Dasselbe gilt für angelutschte und noch halbvolle Eislöffel. Dies wird aber, wie ich gerade merke, ein eigenes Kapitel füllen und führt hier zu weit.

Also, ich mochte Kinderschokolade und außerdem noch Hotta. Jetzt fragen Sie sich zu Recht, was Hotta ist. Das ist doch klar: Duplo! Wie? Hä? Als ich klein war, gab es im Duplo so tolle Tierbildchen, die man sammeln konnte. Und da dort leider meist Pferde drin waren (hatte ich schon erwähnt, dass ich kein Pferdemädchen war?), tauften meine Oma Erna, die natürlich auch den besagten süßen Schrank besaß, und ich das Duplo in Hotta um. Ist doch klar! Und so fragte sie mich jedes Mal, wenn ich zu ihr kam: »Na, mein Kind, wie wäre es mit 'nem Hotta?«

Auf der Nutellacouch mit Colt Seavers, Ei und Zwiebel

Essen auf der Couch war schon immer was Besonderes. Schon in meiner Kindheit. Denn das war die große Belohnung bei uns: der Couchfreischein! Wenn ich mich brav an Regel eins und zwei gehalten hatte, durfte ich abends mit dem Abendbrot im Wohnzimmer auf der Couch sitzen und 'ne Vorabendserie sehen und dabei mampfen, was ich wollte.

Dazu muss man wissen: Schon in jüngster Jugend hatte ich Essgelüste wie eine Dauerschwangere. So gab es eine lange Zeit von meiner geduldigen Mutter Abend für Abend denselben Gang: ein Spiegelei, daneben ein Toastbrot mit Nutella und daneben wiederum eine rohe aufgeschnittene Zwiebel mit etwas Salz.

Na? – Läuft beim Lesen bereits der Speichel säuerlich im Überfluss im Mund zusammen? Also, ich mochte es. Und ich habe keine Ahnung, warum. Spiegelei? Okay. Großmütter sagen zu so was: »Das ist was Reelles.« Was so viel heißt wie: »Da ist alles drin, was der Körper braucht.«

So wie es in der Fernsehwerbung früher hieß: »Fruchtzwerge! So wertvoll wie ein kleines Steak.« Das muss man sich noch mal vorstellen. Was ein herrlicher Quatsch. Noch heute mach ich mir den Spaß und serviere meinen Kindern ihr Stück Fleisch mit den Worten: »Steak! So wertvoll wie ein großer Fruchtzwerg.« Und jedes Mal, wenn die mich mit großen Augen ungläubig anschauen, weiß ich: Fernsehwerbung in den 80ern hatte einen an der Murmel.

Zurück zum Spiegelei. Das geht als Abendbrot locker durch. Ein Toastbrot mit Nutella auch irgendwie. Vor allem, wenn man noch gefühlte siebenundzwanzig Millionen Tage auf die Wiederbefüllung des Süßigkeitenregals warten musste. In der Kombination mit Spiegelei sicher befremdlich, aber noch vertretbar.

Aber die Zwiebel? Und dann auch noch mit Salz? Salz war in meiner Kindheit wahrscheinlich das Pendant zur sprichwörtlichen Kirsche auf der Sahnehaube. Das Momentum genialischen Wahnsinns, bei dem meine Eltern sich dachten: »Irgendwas stimmt mit dem Kind nicht. Die wird bestimmt mal Künstlerin.«

Und wo ist überhaupt der Kumpel des Lauchgewächses, der sich mit dem scharfen Gemüse durch das Rheinland schunkelt? Wo ist das Mett? Es gab kein Mett. Es gab nur die Zwiebel und den Mundgeruch! Aber das war mir egal. Ich war jung und liebte den Thrill. Die Schärfe, die vom Mund in die Nase in die Augen stieg. Herrlich!

Ich wusste noch nichts von der antibakteriellen Wirkung der Zwiebel, die den Blutdruck, die Blutfette und den Blutzucker senken kann – angeblich. Auch nichts von den gerinnungshemmenden und antiasthmatischen Eigenschaften. Oder dass die Römer glaubten, dass Zwiebeln vor der Pest schützen. Bei uns verpestete sie allenfalls das Wohnzimmer. Ich hatte auch keine Insektenstiche, Wunden, Furunkel oder Blutergüsse, die ich mit Zwiebeln behandeln musste. Es war auch kein Zwiebelsaft gegen Husten oder ein Stück Zwiebel, das man sich bei Vollmond auf eine Warze am Fuß kleben soll. Es war einfach nur eine Zwiebel. Ich wusste auch nicht, dass die Küchenzwiebel eine der ältesten Kulturpflanzen der Menschheit ist, die schon seit mehr als fünftausend Jahren als Heil-, Gewürz- und Gemüsepflanze kultiviert wird. Mir war damals weder bewusst, dass Zwiebeln den ägyptischen Göttern als Opfergabe gereicht wurden, noch dass sie eine Art Zahlungsmittel für die beim Pyramidenbau eingesetzten Arbeiter waren.

Klar, liebe Leser, IHR wisst das natürlich – spätestens jetzt. Ich wusste nichts von alledem. Ich wusste nur: Ich liebte Zwiebeln. Und daher bereitete es mir eine besondere Genugtuung, als die Zwiebel 2015 endlich die Ehrung bekam, die sie in meinen Augen schon lange verdiente. 2015 wurde die Zwiebel nämlich vom Verein zur Förderung der naturgemäßen Heilweise nach Theophrastus Bombastus von Hohenheim, gen. Paracelsus e.V. zur Heilpflanze des Jahres ernannt, sogar mit Urkunde zu Ehren der Zwiebel.

Ehrlich. Vor Rührung hatte ich Tränen in den Augen! Vor Rührung oder weil es zur Feier des Tages natürlich frischen Zwiebelkuchen gab. Ein weiterer Vorteil der Zwiebel: Ich konnte damit meinen Bruder ärgern, was mir nicht nur Freude bereitete, sondern mir vor allem auch noch mehr Platz auf der Couch neben ihm sicherte.

Aber, Moment! Apropos Couch! Da nehme ich Sie sehr gerne auf einen optischen Ausflug in die späten Siebziger, frühen Achtziger mit. Wie sahen da die Couchen aus? Ja, nicht mehr ganz *knalle-bunt*. Nach *knalle-bunt* kam die Entdeckung der gedeckten Töne. Unsere Couch war moosgrün und aus Samt. Samtig weich, und wenn man sie in eine Richtung streichelte, wurde das Moosgrün etwas dunkler. Streichelte man gegen den Strich, wurde es wieder heller. Streichelte man über die Stelle, auf der vorher das Nutellabrot, natürlich mit Gesicht nach unten, wegen der Schwerkraft, draufgefallen war, glich das Moosgrün farblich einer kleinen, modrigen Matschpfütze, in der man zu doll mit einem Stöckchen gerührt hat, um Pfützensuppe zu kochen. Und, Achtung! Sie war aus Samt. Und was trug ich am Körper in den späten Siebzigern? Richtig: Frottee oder Nicki! Das war gefährlich. Wenn man zu sehr auf dem Samtsofa hin und her rutschte, zum Beispiel weil man so ungeduldig auf Spiegelei, Zwiebel und Nutellatoast wartete, lud sie sich elektrisch auf. Da prallten einfach zu viele samtige Textilien aufeinander. Diese Elektrizität entlud sich meist durch mein sehr feines, zu Berge stehendes Haar. Hätte man sie gebündelt, hätte ich sicherlich genügend Volt auf dem Kopf gehabt, um mein allabendliches Spiegelei selber zu garen.

Ich wusste also schon früh, welche Vor- und Nachteile eine Couch haben kann. Ein Wissen, das mir bei meinen Kindern helfen sollte. Unser aktuelles Modell ist nämlich nicht aus Samt. Aber beim Kauf versicherte uns der freundliche Polstermöbelfachverkäufer, dass unser ausgewählter

Bezug in schlamm-graubraun-meliert wirklich sehr strapazierfähig sei und man da nix an Flecken darauf sehen würde. Bewundernswert war, dass er das alles brav aufsagen konnte, während er dabei zusah, wie meine Söhne die Trampolinfähigkeit der übrigen Ausstellungsstücke testeten. Immerhin hatten sie die Schuhe ausgezogen! Und er hat recht behalten. Der Stoff wächst mit seinen Aufgaben, und wenn unsere Kinder einmal ausziehen und ich ein neues Sofa kaufe, dann werde ich das alte auskochen und die komplette Nachbarschaft auf einen deftigen Eintopf einladen.

Aber zurück zu meinem Bruder, der Couch und mir und meinem abartigen Abendmahl.

Denn das war unser gemeinsames Vorabendfernsehritual. Ich bekam mein Trio Infernale aus Spiegelei, Nutellatoast und Zwiebel. Er bekam Colt Seavers. Der Colt für alle Fälle. Der Held seiner Kindheit. Gut, ganz genau genommen war er scharf auf Jody, die hotte Assistentin. Aber egal. Mein großer Bruder war in Sachen Vorabendseriengucken der Bestimmer, und er liebte Colt Seavers. Also mochte ich Colt Seavers auch. Lee Majors war der Super-Stuntman! Der und sein Truck.

»Hey, ich muss über den Fluss! Ich springe mit meinem Truck.«

»Ich muss über die Schlucht! Ich springe mit meinem Truck.«

»Ich will in den Urlaub! Ich fliege mit meinem Truck.«

Das war ein Typ! Den mochten alle. Da war schon die Frisur ein Stunt. Der hatte eine Hollywood-Föhnwelle. So was trägt heutzutage nur noch Uschi von der Leyen. Aber ich war nie verliebt in den Colt. Da konnte Colt Seavers in seiner Badewanne sitzen und Moos ansetzen. Ich war verliebt in Howie.

Okay, der Name klingt wie ein schwuler Indianergruß. Häuptling Abahachi auf dem Kriegspfad: »How!«

Antwort von Rosa Wolke: »Howie!«

Gemeint ist Howie Munson. Der war wie Colt Seavers – nur mit weniger Haaren und ohne Falten. Okay, Howie war ein bisschen tollpatschig und ängstlich.

Bei dem hieß es: »Hey, ich muss über den Fluss! Okay, ich frag Colt Seavers.«

Um den habe ich mir bei den Stunts immer die meisten Sorgen gemacht. Scheiß auf die Autos! Scheiß auf Colt Seavers! Hoffentlich passiert Howie nichts!

Zur Not retteten ihn die Airbags von Jody. Wer erinnert sich noch an die heiße blonde Assistentin von Colt Seavers? Was war noch mal die Aufgabe von Jody? Nix! Vor allem nix anziehen. Wie schwer muss das für Howie gewesen sein.

Alle Jungs so: »Yeah! Geil, Colt Seavers!«, und alle anderen Jungs: »Yeah, Jody Banks! Geil!«, und die kleine Mirja: »Yeah! Howie! Du bist zwar nicht cool, aber ich find dich toll! Huhu!«

Ich glaube, so funktioniert Fernsehen. Da muss immer einer dabei sein, den man mag. Der ein bisschen doof ist, oder dick. Am besten ist natürlich dick und doof. Wir brauchen eben einen, der anders ist. So ein bisschen niedlich zwischen den Ohren halt. Da fühlen wir uns einfach besser.

Das ist auch der Grund, warum manche Paare noch zusammen sind. Wir Frauen fühlen uns dann einfach besser.

Fernsehen funktioniert genauso. Zum Beispiel die Castingshows: Wenn da die Spezialbegabten auf die Bühne stolpern, dann guckst du zu und denkst, der singt »You raise me up«, aber wo kommen die Töne raus? Oben oder unten? Beides? Das kann ich besser!

Oder du guckst Kochshows. Angebrannte Kartoffeln, angebranntes Wasser. Das kann ich besser! Oder du guckst ein Spiel vom 1. FC Köln. Deswegen liebe ich den 1. FC. Das ist teilweise von Fußball kaum zu unterscheiden. Ich liebe die Loser, und es gibt sie überall im Fernsehen.

Die ganze Sesamstraße ist voll mit Typen, die kaum lesen, schreiben oder rechnen können. Die können sich teilweise nicht einmal richtig bewegen. Da sitzt du davor und denkst »Pah, bin ich schlau!«, also als Erwachsener. Kleinere Kinder gucken da eher die Teletubbies und rennen sofort zu ihren Eltern. »Also, wenn das das Niveau ist, Mama, dann bin ich hochbegabt.«

Überall gibt's diese herrlich bekloppten Nichtskönner. Biene Maja zum Beispiel! Was wäre Biene Maja ohne den müden Willi? Antwort: Eine »Ich hab die Weisheit mit dem Honiglöffel gegessen«-Biene, die allen auf den Sack geht. Zum Ausgleich haben die Macher Willi erfunden: die brummende Flugwurst. Andere Bienen bestäuben auf der Wiese die Blumen, Willi erntet Gras und raucht es. Der ist so was wie der Snoop Dogg der Kinderserien. Den bringt nichts aus der Ruhe. Der ist das pure Adrenalin-Gegengift. Zwischen den Folgen liegt der in einer Tulpe und raucht 'ne Tüte. Der ist so mega-gechillt. Wäre der nicht gestreift, könnte man ihn für eine Kartoffel halten. Es gibt Bäume, die sind agiler als er.

Ich stelle mir das super vor, als die Serie gezeichnet wurde. Ja, das ist jetzt ein Schock für viele. Das ist keine Tierdoku, das ist Zeichentrick. Da arbeiten Hunderte Zeichner dran. Alle sind total gestresst. Jede Bewegung besteht aus Hunderten Einzelbildern, die alle von Hand gemalt wurden. Biene Maja zwinkert = fünfzig Bilder. Biene Maja hebt den Arm = hundert Bilder. Willi flüchtet total aufgebracht aus einem brennenden Heuhaufen = ein Bild. Willi lacht = ein Bild. Willi kämmt sich die Haare = zwei Bilder. Klar, er steht vorm Spiegel, aber sonst ... Der Zeichner von Willi hat den lauesten Job der Filmindustrie. Und die Sätze, die Willi raushaut? – Kult!

Neulich meinte Biene Maja zu Willi: »Hey, Willi, lass uns mal zur Blumenwiese fliegen! Da gibt es Stress mit den Grashüpfern.«

Und Willi dann so voll cool: »Nein.«

Krass, oder? Die Blumenwiese steht kurz vor Chaos und Anarchie. Die Grashüpfer-Gang will ein paar Schneckenhäuser überfallen. Und Willi so: »Nein.« Das musst du erst mal bringen. Total schockiert war ich, als ich gesehen haben, wie der neue Biene-Maja-Kinofilm heißt.

Zum Vergleich, Teil eins hieß: *Biene Maja – Der Kinofilm*. Nicht so einfallsreich, aber es passt. Beim Marketingmeeting hieß es wahrscheinlich: »Wie nennen wir den Kinofilm?« –

»*Der Kinofilm*!« Genial! Jetzt drehen die Macher aber richtig auf. Für Teil zwei haben sie sich was Besonderes einfallen lassen. Danach wollen die Kinder niiieee wieder was von Blümchen und Bienchen hören und sehen.

Teil zwei heißt: *Die Honigspiele*, auf Englisch *The Honey Games*, also wie die *Hunger Games*, und deutsch, also *Honigspiele*, so wie Doktorspiele, nur halt mit Bums-Biene-Maja, so eine Art *Fifty Shades of Gelb-Schwarz-Gestreift*.

Ich liebe in Serien ja meistens diese kleinen bekloppten Nebenrollen. Der müde Willi bei Biene Maja, der bekloppte Hubschrauberpilot beim A-Team, oder hier, die Dumpfbacke bei *Knight Rider* – David Hasselhoff.

Ist ja wohl klar, wer der Held bei *Knight Rider* ist, oder? Das Auto! Das kann selbst fahren, selbst denken und selbst sprechen. Seit Amerikas lustigsten Homevideos wissen wir, David Hasselhoff kann das nicht. Das war auch krass, oder? David Hasselhoff kriecht sturzbesoffen über den Boden und stopft sich immer wieder einen Burger in den Mund, nur damit der Whiskey nicht aus ihm rausläuft. Ich muss sagen, ich war zutiefst … beeindruckt. Ein Mann wie du und ich. Das ist einer von uns. Ein krabbelnder Fünfbeiner hackedicht mit drei Promille. Dafür gibt es nur eine Bezeichnung: Held! Aber bitte, liebe Männer, heute Abend nicht nachmachen! Nur wenn euer Auto Kitt heißt. David Hasselhoff, ein toller Mann. Erst durften wir bei *Knight Rider* seine Brusthaare bewundern, bei *Baywatch* war dann klar, das Brusthaar geht nahtlos über in Penis-Biberfell, doch eines werde ich ihm nie verzeihen: I've been looking for freedom.

Apropos freedom, genau das suchte auch mein großer Bruder damals nach der Colt-Seavers-Serie immer, wenn ich ihm mit schalem Zwiebelatem von Howie vorschwärmte.

Geschmacksknospenbungeejumping oder kurz: Oink! Oink!

In den Ferien esse ich immer ganz andere Sachen. Dann heißt es: »Schüss, Currywurst« und »Hello, Curry Chicken Tikka Massala Bombay« – selbst, wenn ich nur in Österreich bin. Auch die haben gute Inder. Und überhaupt, im Urlaub hab ich die Devise: einfach mal was anderes essen! Den Magentrakt auf Safari schicken! Land und Leute nicht nur kennenlernen, sondern schmecken lernen.

Ich muss ja nicht gleich Christos von der Authentic Gyrosseria in Kreta ablecken, aber landestypisch sollte es schon sein. Weil wegen: andere Länder, andere Sitten und so. Ist doch viel cooler, wenn man aus dem Urlaub nicht nur Fotos mitbringt, sondern auch ein Andenken auf der Hüfte.

»Hier, dieses Fettpolster! Das hab ich mir in einer urigen Taverne auf Sizilien angefuttert.«

»Fühl mal meinen prallen Hautlappen unter meinem Oberarm! Das war mal ein andalusisches Weideschwein.«

Da bekommt Hüftgold eine ganz neue Bedeutung, wenn man es als aztekisches Hüftgold aus Mittelamerika mitbringt:

»Die Mexikaner machen Schoko-Tortillas! Da könnt ich mich reinlegen!«

Was für eine schöne Vorstellung: Sich in eine warme, weiche, dampfende Schoko-Tortilla zu legen, die Fladendecke hochzuziehen und seufzend zu sagen: »Scheiß auf die Kalorien. Hier bleib ich jetzt für immer wohnen!«

Urlaub ist Abenteuer, sogar beim Erlebniswandern in der Eifel mit anschließender Allinclusivecluburlaubsverpflegung im Vier-Sterne-Center-Parc. Natürlich mit Reiserücktrittversicherung. Und weil Urlaub Abenteuer ist, bin ich auch total mutig, was das Essen angeht, und da gibt es einiges zu entdecken.

Ich erinnere mich noch an ein Bungee-Jumping-artiges Geschmackserlebnis in der Provence. Auf einem pittoresken Wochenmarkt … Moment, bevor jetzt hier der Eindruck entsteht, dass ich mit Strohhut auf dem Kopf und Bastkörbchen unterm Arm über Einheimischenwochenmärkte schlendere und ein Pläuschchen mit Gaston halte, falsch. Wir waren auf der Durchreise. Die Kinder mussten pinkeln, wir sind den Parkschildern gefolgt und standen plötzlich auf einem Markt, der im Reiseprospekt wohl als »sehr authentisch« beschrieben worden wäre.

Und tatsächlich: Es gab einiges zu gucken, zu staunen und zu probieren. Vor allem am Käsestand. Das meiste kannte ich aus der heimischen Käsetheke, aber ein kleiner Minikäse sprach mich sofort an: »Iss mich! Iss mich!«, sagte er. Nur halt auf Französisch.

Er war rund, kaum größer als eine Kleinkindfaust, und was mich total faszinierte: Er war grau! Käse mit Löchern, kenn ich. Käse mit Schimmel, das gehört wohl dazu. Aber Käse mit grauem Staub? Das musste ich probieren. So viel Französisch konnte ich, dass ich wusste, dass es ein Ziegenkäse ist. Also war ich vorbereitet auf ein eher saures Käsevergnügen.

Aber was dann kam, war eine Geschmacksexplosion. Es war nicht sauer, es war, als würde man herzhaft in ein Stück Seife beißen, DANN wurde es sauer und bevor man »Mon dieu« rufen konnte, war einem schon sämtliches Wasser im Mund zusammengelaufen. Der graue Puder am Käse war nämlich Asche. Also stellen Sie sich bitte sauer, seifig und Asche vor und das Verrückteste: Das Zeug schmeckte hervorragend.

Später wurde mir mal von einem Klugscheißer erklärt, dass dieser Käse in Asche gewendet wird und – jetzt kommt's – dass es sich dabei immer um Pflanzenasche handelt. Das sagte er mit sehr bedeutungsvoller Miene, wo ich mir noch dachte: »Was ist denn die Alternative?« Tierasche? Am besten noch Ziegenasche? Das macht doch keinen Sinn, wenn man in der Käserei die Ziege gleich mit verbrennt!

Oder noch schlimmer? Die Asche von Oma. Das stelle man sich mal vor! Irgendwann ist die Urne leer und man denkt: »Hmmm ... Ich müsste mal wieder den Käse pudern. Onkel Willi ist ja schon recht alt ... Wie der wohl schmeckt?« Aber zurück zu den Mutproben.

Ebenfalls in Frankreich waren wir mal in einer süßen kleinen Pension, in der es jeden Abend eine Besonderheit zu essen gab. Die gaben sich echt alle Mühe, Touristen aus ganz Europa an die französische Küche heranzuführen. Einmal gab es Fleisch. So viel hatten wir zumindest erkannt! Und weil es total lecker war, lobten wir das Essen überschwänglich bei der Madame des Hauses. Klar, es war lecker, aber eigentlich wollten wir auch wissen, was genau wir da essen.

Also kratzten wir all unser Französisch zusammen. Hände und Füße kamen bei der Erklärung auch zum Einsatz. Was zu ziemlich absurden Verrenkungen führte. Vielleicht waren wir etwas schwer von Begriff, vielleicht hätten wir öfter in der Schule aufpassen sollen, vielleicht hatten wir aber auch unsere diebische Freude an der Madame, die mittlerweile fast auf allen vieren kroch, um uns endlich das Geheimnis dieses Essens zu verraten. Irgendwann war sie entnervt. Sie kniff sich in die Wange und rief »Oink! Oink!« Da wussten wir: Ahhhh, Schweinebäckchen!

Bis dato hatten wir nicht geahnt, dass man Schweinebäckchen essen kann und dass sie so gut schmecken. Gleichzeitig hatten wir aber auch ein schlechtes Gewissen, denn irgendwo da draußen lief jetzt ein Schwein ohne Lächeln herum.

Nur einmal hat mich mein Mut verlassen. Das war im Erotikmuseum in Habeichverdrängt, aber es war irgendwas mit Amsterdam. Als ich da war, gab es da eine Ausstellung mit Aphrodisiaka aus aller Welt. Oft handelte es sich dabei natürlich um vom Aussterben bedrohte Tiere, die gejagt, gefangen und geschlachtet werden, damit Li Feng in Peking denkt, dass er davon noch mal 'ne ordentliche Frühlingsrolle in der Hose kriegt. Passend dazu gab es allerdings im Museumsshop ein paar Dinge, die man wohl auch in Deutschland verkaufen konnte. Unter anderem ein Tütchen aus China. Es sah aus wie ein kleiner, löchriger und sehr alter Wrap. Mein Mandarin war damals noch nicht so ausgefeilt wie heute, aber zum Glück gab es eine deutsche Deklarierung: getrockneter Mutterkuchen zum Aufbrühen mit heißem Wasser. Klar, ich hab das Zeug geliebt und in mich reingestopft, aber da war ich null bis neun Monate alt! DAS hab ich mich dann doch nicht getraut. Dann doch lieber Oink-Oink und Aschekäse!

Vive la pâté!
Es lebe die ausländische Leberwurst

Den Käse hab ich später im Urlaub immer mal wieder in europäischen Supermärkten gesehen. Und sind wir doch mal ehrlich: Es gibt nichts Besseres, als irgendwo anzukommen und sich erst einmal durch einen ausländischen Supermarkt zu fräsen.

Frankreich steht da ganz oben auf meiner Top-Ten-Liste! Diese Riesengebäude, wo du wirklich alles kriegst, dir sogar neue Kinder kaufen kannst und dir nebenbei als Gang fünfzehn noch eben schnell die Möpse vergrößern lässt. Die haben ein Sortiment wie Aldi Nord, Aldi Süd, Aldi West und Aldi Ost zusammen. Fifty Shades of Greyerzer!

Die Ureinwohner der Arktis haben ja angeblich drölfdutzend Synonyme für Schnee. Wüstennomaden haben null, aber dafür dreimal drölfdutzend Bezeichnungen für Sand! Der Franzose hat gefühlt eine Quadrilliarde Wörter für Käse.

Ich habe kleine Kinder in der Patisserie-Abteilung verschwinden sehen, die kamen als Erwachsene wieder raus und hatten immer noch nicht alle Weiten des Zuckerweltalls erkundet.

Neulich stand ich bei uns im Supermarkt in der Leberwurstabteilung. Ja, ja, ich weiß: Ich führe ein Leben am Limit. Ich höre schon die Neidbürger unken: »Leberwurstabteilung, die feine Dame! Na, die lässt es ja krachen!«

Aber im Ernst. Bei uns in Deutschland gibt es im Supermarkt Leberwurst. Punkt. Die besteht aus Leber und Wurst und woraus die Wurst besteht ... Nun, ja. Otto von Bismarck wird angeblich das Zitat zugeschrieben: »Je weniger die Leute wissen, wie Würste und Gesetze gemacht werden, desto besser schlafen sie!«

Wobei man das einordnen muss. Erstens: Bismarck war kein Wurstfachmann, schließlich ist ein Hering nach ihm benannt. Zweitens: Gesetze werden durch Lobbyisten gemacht, und das ist viel ekliger als alles andere. Drittens: Dieses Zitat stammt aus einer Zeit, in der Wurstherstellung wirklich sehr umstritten war.

Anders als heute, wo glückliche Tiere sich von ihren Familienmitgliedern verabschieden, um feierlich den Dienst in der Pfanne anzutreten. Vor hundert Jahren war das ganz anders.

Falls Sie mal klugscheißern wollen, erwähnen Sie bei der nächsten Grillfeier doch mal die Sülzeunruhen von 1919 in Hamburg. Damals war ein Fass vor einer Wurstfabrik zerbrochen. Klingt nach dem sprichwörtlichen Sack Reis in China. In dem Fass waren allerdings verweste Tierteile. So weit so schlimm. Aufgebrachte Hamburger stürmten daraufhin jedoch mehrere Fleischfabriken und fanden auch da allerlei Kadaver. Es kam zu Aufständen, und es ging wortwörtlich um die Wurst. Am Ende waren achtzig Todesopfer zu beklagen, und ein Fleischfabrikant musste für drei Monate ins Gefängnis, denn er wurde »vom Gericht für schuldig befunden, dass er aus Kalbskopfhäuten in zweifelhaftem Zustand – matschig, schimmelig und mit Maden durchsetzt – Sülze herstellte«.

Falls sie jetzt Bilder im Kopf haben, die Sie unbedingt loswerden wollen – ich auch. Deswegen schnell wieder in den französischen Garten Eden der Supermärkte. Da heißt Leberwurst Pâté und es gibt Pâté in allen erdenklichen Arten. Pâté mit Ente, Pute, Gans, Wachtel, Hirsch, Reh, Schwein, Wildschwein, wahrscheinlich sogar Meerschwein. Ich vermute sogar, dass jetzt gerade, während Sie dieses Buch lesen, französische Wissenschaftler neue Tiere entwickeln, nur um daraus köstliche Pâté herzustellen. Pâté ist großartig. Pâté ist so viel mehr als Fleisch, Fett und Gewürze! Pâté ist Mozarts Zauberflöte unter den Fleischkompositionen! Pâté ist einzigartig! Pâté ist Pâté! Mehr muss man nicht wissen, denk ich.

Gut, falls Sie ein kritischer Leser sind, dann werden Sie jetzt sagen: Pâté ist Leberwurst. Und das ist ... komplett richtig.

Aber genau das ist für mich das Phänomen von Essen im Urlaub. Da wird für mich selbst die ausgekochte, durch den Fleischwolf bis zur Unkenntlichkeit gedrehte, leicht überwürzte und im Schraubglas beerdigte Tierleiche zu einer lukullischen Ausnahmeerfahrung. Eben weil ALLES so anders ist im Urlaub. Besonders das Essen. Mit Sonnenbrand auf der Nase und Sand zwischen den Zehen schmeckt eben selbst Leberwurst aka Pâté nach Abenteuer und großer, weiter Welt.

Serranoschinkennuckeln und eine bittere Erkenntnis

Und deswegen kaufe ich sie alle. Pâté, weil sie sich so gut hält! Auch nach zwölf Stunden Autofahrt in praller Sonne! Rotwein! Weißwein! Rosé! Crémant! Käse! Brot! Kartoffeln – sogar die schmecken im Urlaub ganz anders.

Einmal hab ich im Supermarktdelirium sogar Tiefkühlhähnchenflügelchen gekauft. Und zwar nur die unteren Flügel, weil mein Freund die so gerne abknabbert, weil sie nur aus Gewürz bestehen. Zu Hause stellte sich aber raus, dass die kleinen Flügelchen in Wahrheit ausgewachsene Froschschenkel waren. Ich hatte so ein schlechtes Gewissen, dass ich diesen Quatsch aus Versehen unterstützt habe, dass ich die Froschschenkel nicht weggeschmissen habe. Ich habe sie im Garten des Ferienhauses beerdigt, und ich entschuldige mich seitdem bei jedem Frosch, den ich sehe. Sogar bei Kermit.

Was kaufe ich noch im Ausland? Kuchen, Kekse, Chips und Schokolade natürlich, die allerdings nach zwölf Stunden Autofahrt in der prallen Sonne einen exakten Abdruck des Kofferraums darstellt – also, wenn sie sich irgendwann wieder verfestigt hat. Ich kaufe so viel, dass französische Supermarktkassierer mich schon mitleidig in den Arm genommen haben: »Arme deutsche Frau. Zu Hause haben die ja nix.«

Ich glaube, ein Kassierer hat mir sogar mal aufmunternd auf die Schulter geklopft und mir gleichzeitig heimlich einen leckeren Brie zugesteckt. Ich kaufe all die leckeren Sachen, die im Urlaub so irre gut schmecken, bis nix mehr ins Auto passt. Mehr als einmal stand ich vor der Rückfahrt vor der Frage: Was ist wichtiger? Der komplette Serranoschinken oder der ziemlich genauso große Sohn. Natürlich habe ich mich immer für den Sohn entschieden. Den kann man viel besser knicken und im Auto verstauen als das luftgetrocknete Schweinebein. Das nimmt man dann einfach auf den Schoß, und man hat was zu knabbern – auch wenn überholende PKW-Fahrer schon etwas überrascht sind, wenn sie mich an einem tierischen Oberschenkel nuckeln sehen. Ich schleppe also tonnenweise Lebensmittel aus dem Urlaub mit nach Deutschland, und was passiert? Sie ahnen es.

Ich weiß noch, wie ich einen großartigen provenzalischen Rotwein vom Mont Ventoux mitgebracht habe. Damals in Gap, nach der obligatorischen Parfümwerkbesichtigung, schmeckte der Wein so herrlich nach dem berühmten Wind, der durch die Mühlräder rauscht. Gepaart mit dem sanften Aroma von Lavendelfeldern, über denen ein sonniger Gruß von Mandeln schwebt. Wochenlang hatte ich ihn zu Hause gierig angestarrt und in einem schwachen Moment entkorkt, oder hatte ich so einen Brand, dass ich den Korken mit bloßem Mundunterdruck aus dem Flaschenhals gezogen hatte? Egal. Selbst die drei bis vier Minuten, die der Wein zum Atmen braucht, hab ich ausgehalten, um dann festzustellen: Plörre. Metallischer Geschmack, der an Laternenpfahl ganz unten erinnert. Auch das zweite hastig hinterhergespülte Glas schmeckte nicht besser. Auch nicht das dritte, und es lag auch nicht an der Abfüllung. Die zweite Flasche war genauso scheußlich, und der Kater am nächsten Tag war auch schlimmer als in der Provence. Am Ende blieb es halt billiger Landwein, gepaart mit der Erkenntnis: Zu Hause schmeckt's nicht so wie im Urlaub. Rosé aus dem Schlauch mit Stinkekäse kommt am Strand bei Sonnenuntergang doch irgendwie besser als zu Hause vor der Glotze, während man mit den Kindern zum zehnten Mal dieselbe Folge von Checker Tobi sehen muss. Obwohl, da hilft der Rosé schon ein wenig.

Hier super! –
Urlaub im Clubresort Morbus Mama

In meiner Kindheit erledigte diese Einkäufe (meist in Italien) immer mein Vater, der jeden Eintritt in den Supermercato mit einem herzhaften: »Jetzt brauchen wir erst einmal Fett«, unterstrich. Da war doch was mit der Nachkriegsgeneration und der guten Butter …?!

Aber im Urlaub lernt man nicht nur neue Lebensmittel kennen, sondern auch ganz viele andere neue Freunde. Denn, was holt man sich im Urlaub immer? Sonnenbrand, eine Leberverrenkung, Magen-Darm und das andere Fiese: Bekanntschaften! Wobei, es gibt auch nette.

Vor ein paar Jahren haben wir welche kennengelernt. In Andalusien. Angefangen hat aber erstmal alles mit der Suche nach einer passenden Unterkunft im Internet.

»Nette, kleine Wohnanlage, Infinity-Pool, Betreiber spricht Deutsch.« Also schreibe ich den an. Fehler. Denn »Betreiber spricht Deutsch« hieß in dem Fall »Betreiber spricht vielleicht Deutsch, aber er schreibt es nicht«.

Also, er hat sich redlich Mühe gegeben, aber kennt ihr das? Wenn ihr euch bei WhatsApp vertippt und keine Lust habt, das zu korrigieren? Der andere wird es schon verstehen. So war es bei Carlos.

Manchmal waren es auch einfach nur Buchstaben. Ich dachte, der wäre auf der Tastatur zusammengebrochen. Aber, es waren Worte. Das war, wie wenn man Holländisch liest. Wenn man es laut und langsam vorliest ... dann versteht man es ... meistens!

Wir schreiben also fröhlich hin und her. Anreise, Abreise, Preis. Aber natürlich hatte ich noch ein bis zwei Konkurrenzangebote. Das hat der Carlos irgendwann gemerkt und blitzschnell reagiert. Er hat sein bestes Deutsch zusammengekratzt und schrieb: »Seien Sie nicht dumm! Buchen Sie hier! Hier super!« Was willst du da noch sagen? Allein dafür musste ich da buchen. Überhaupt ist es lustig, was die Menschen im Urlaub so an Deutsch können und was sie meinen, was davon bei Touristen gut ankommt.

In der Dom.-Rep. habe ich mal das Schild gelesen »Saubillig«, das stand da an einem Restaurant. Oder in Tunesien, da waren wir mal auf einem Markt mit nummerierten Essensständen. Da haben sich die Tunesier einen Spaß draus gemacht: »Seventy five – still alive!« – »Iss bei mir – ich bin die Vier.« Süß, oder? Einer war richtig witzig, als ich ihn höflich, aber am Ende eben doch auf deutsche Art abwimmeln wollte.

»Kommen Sie essen?«

»Nein, danke, wir haben schon gegessen.«

»Dann heute Abend?«

»Mal gucken.«

»Dann morgen?«

»Vielleicht!«

»Dann im nächsten Leben?«

»Okay, dann bis zum nächsten Leben.«

Und dann der Hammer, im reinsten, akzentfreien Deutsch fügte er hinzu:

»Du musst das Eisen schmieden, solange es heiß ist.«

Wahnsinn! Wer bringt den Einheimischen so einen herrlichen Scheiß bei?! Ich, seitdem.

Wenn ihr demnächst in Antalya seid, nicht wundern, wenn euch einer sagt: »Säge nicht an dem Ast, auf dem du sitzt!« Auf Korsika habe ich einem Franzosen einen Nachmittag lang beigebracht: »Was Hänschen nicht lernt, lernt Hans nimmermehr.« Bei ihm klang es am Anfang nach: »Was Hähnchen nicht lehrt ...«, aber er kann es.

Und in Magaluf kann jetzt ein Masseur am Strand ganz akzentfrei: »Jeder ist seines Glückes Schmied, aber nicht jeder hat ein schmuckes Glied!«

Aber zurück nach Andalusien. Wir sind mit dem Auto hingefahren. Laut Navi dauert die Strecke circa einundzwanzig Stunden. Also ohne tanken, trinken, Tränen trocknen, Tinnitus vom Schreianfall der Kinder, weil Bibo, der Affe, zu Hause vergessen wurde, Pipi machen, Essen, Stau, Essen auf der Rückbank auskotzen, Stau umfahren, wieder zurück auf die Autobahn in den Stau fahren, geblitzt werden, im Internet schon mal gucken, was das kosten wird, wieder tanken, gestellt glückliches Selfie für die Familien-WhatsApp-Gruppe machen. Wenn du das alles geschafft hast, dann hast du immer noch 20,5 Stunden vor Dir. Aber wir sind angekommen. Kennt ihr das, wenn man nach einer langen Fahrt aus dem

Auto aussteigt und denkt, wem gehören die Beine da unter mir?

»Ich sehe euch, aber ich spür euch nicht. Wollen wir zusammen gehen?«

Und die Beine dann so: »Ja, lass mal. Meld dich wieder, wenn dein Hintern durchblutet ist! Bis morgen dann!«

Zumindest ist das so bei uns Erwachsenen. Meine Kinder sind nicht aus dem Auto gerannt oder gelaufen, die sind geflitscht. Als hätte man sie einundzwanzig Stunden in ein Einmachgummi gespannt. Noch bevor ich Carlos »Hallo« sagen konnte, waren meine Kids schon im Infinity Pool, natürlich mit Klamotten. Schwimmen konnte damals noch keiner von denen, aber egal, Hauptsache Infinity Pool.

Wobei, Infinity Pool klingt jetzt so voll nach Luxus. Ich sag mal so, wenn man sich im Pool ganz schräg aufs Wasser gelegt hat, die Nase grade überm Wasser, und wenn man dann leicht nach unten geradeaus geguckt hat, dann war's Infinity. Dann hat man die zweihundert Meter Wiese nicht gesehen, wenn sie frisch gemäht war. Aber egal, es war Wasser, und es war toll ... für meine Kinder. Mein Freund und ich wären auch gerne in Klamotten ins Wasser gesprungen, aber man muss ja erst einmal »Hallo« sagen. Also den Besitzern, nicht dem Wasser. Und tatsächlich: Carlos spricht Deutsch. Seine Frau versucht Deutsch. Beide waren unfassbar freundlich. Und sie guckte wohl viel deutsches Fernsehen, denn sie hat mich erkannt ... dachte sie.

Den ganzen Urlaub hieß es: »Fernsehen! Avvocato, Avvocato, Danni Lowinski!«

Die denkt bis heute noch, dass Annette Frier bei ihr Urlaub gemacht hat. Ich frag mich allerdings, wer dann vier Häuser weiter wohnte. Carlos meinte: »Da wohnt Mats Hummels, sagt meine Frau.« Wahrscheinlich war's in Wirklichkeit Lukas Podolski oder Gerald Asamoah, wer weiß.

Der erste Eindruck von der Anlage war auf jeden Fall super. Der Infinity Pool war schon toll, aber daneben war noch etwas viel Besseres. Ein Kühlschrank. Mit Bier, Cola, Bier, Limo, Bier, Saft, Bier, aber es war auch Bier drin und Wein. Man konnte einfach hingehen, einen Strich auf der Liste machen und sich etwas nehmen. Vielleicht sogar Bier. Denn da war viel Bier drin. Schön kühl. Habe ich das schon erwähnt? Das beste Bier, das man nach so einer langen Autofahrt trinken konnte. Beim Kühlschrank war mir klar, diese Strichliste, die wird unsere Reisekasse sprengen. Man hätte also einfach hingehen können zum kühlen Bierparadies, aber ... es gab eine Firewall, eine Firewall aus Menschen.

Kennt ihr das? Wenn man der Ah-der-gerade-angekommene-Neue ist, im Urlaub, und alle anderen sind die alten Hasen, die Schon-länger-da-Leute. Die Schon-länger-da-Leute gucken dann so wie auf dem Affenfelsen, wenn der Pfleger mit den Nüsschen reinkommt.

»Na? Gerade angekommen? Wir kommen schon seit zwanzig Jahren hierher. Sind das Ihre Kinder? Wir haben es ja gerne etwas ruhiger. Mein Tipp: Mittwoch ist Fischtag, aber Finger weg von den Artischocken!«

Und dann beim ersten Bier: »Der Carlos und seine Frau, da ist ja auch viel Fassade, wenn du verstehst ...« Cool ist es ja, irgendwann wird man selbst zu den Schon-länger-da-Leuten und dann denkt man oder sagt man: »Guck mal die Neuen, wie weiß die sind!«; »Nee, tut mir leid, da können Sie sich nicht hinsetzen.«; »Hier vorne ist schon reserviert, für uns und die Düsseldorfer.«; »Ich glaube, sie geht ihm fremd.«; »Viel Spaß beim Ausflug!«

Aber egal, nach dem achten Strich waren wir mit allen Schon-länger-da-Leuten per Du. Super war zum Beispiel Familie Stubbes, Spitzname die Stuppsies. Die Stuppsies waren unfassbar freundlich und leider auch unfassbar herzlich. Der Name war Programm. Die Stuppsies haben dich immer umarmt: Guten-Morgen-Umarmung, Viel-Spaß-in-der-Stadt-Umarmung, Da-seid-ihr-ja-wieder-Umarmung, Einfach-mal-so-Umarmung, Gute-Nacht-bis-morgen-Umarmung. Die Stuppsies haben so viel umarmt, ich wollte schon einen neuen Clubtanz einführen.

Die Stuppsies waren außerdem superlustig. Der Mann hat erzählt, dass er und seine Kumpels einmal im Jahr ein Frittierwochenende machen. Die Regeln sind ganz klar: Ein Wochenende in einem Bungalowpark, gegessen wird nur, was frittiert ist, und mitgenommen werden nur Sachen, die in blaue Ikeatüten passen. Und die Fritteuse natürlich. Das Frittieren ist wichtig, denn es wird sehr viel getrunken beim Frittierwochenende, und es wird laut. Deswegen nehmen sich die Jungs immer einen Bungalow in Randlage.

Einmal haben sie es aber übertrieben. Die Parkaufsicht rückte an. Elf Uhr abends. Es klingelt also an der Tür, und die Jungs haben eine Superidee: »Wir machen uns alle nackig.« Also öffnen sie die Tür, und die Parkaufsicht sieht acht nackte Männer mit Bierflaschen um eine Fritteuse herumstehen. Seitdem haben die Parkverbot. Die stehen auf einer roten Liste, wie beim FBI in Amerika, nur eben beim Roompot Park in Kamperland. Also, falls Sie mal in so einem Park sind und es riecht in einer Ecke stark nach Pommes, dann laufen Sie, laufen Sie weit weg!

Aber noch mal zurück nach Andalusien! (Den Satz hatten wir auf der Hinfahrt übrigens auch öfter gesagt.) Neben den Stuppsies gab es auch noch die Heeses, mit vielen Kindern, sehr vielen Kindern. Na gut, eigentlich waren es nur zwei Kinder. Aber was für Kinder!

Der Ältere war mitten in der Pubertät. Der war immer mit seiner Freundin am Knutschen. Und wenn die mal nicht da war, stand er verdächtig lang im Pool vor der Massagedüse, was sein kleiner Bruder lauthals rumposaunt hat:

»Maamaa, der steht wieder vor der Düüüse!«

Der hat alles rumposaunt: »Maamaa, die knutschen wieder!«, oder »Maamaa, der sagt, ich soll sterben gehen!« und ganz oft »Maamaa, ich bin hingefallen!«

Der lag nämlich mehr auf dem Boden als sonst noch was. Das war die Miniversion von Benny Hill. Der ungeschickteste Mensch der Welt. Im Himmel ist sicher eine ganze Abteilung von Schutzengeln nur für den zuständig. Außerdem sehr oft gehört im Urlaub: »Maamaa, kann ich iPad?« Und einmal hieß es dann: »Maammaa, ich hab Durchfall!« Zuerst denkt man ja: »Danke für die Info.« Dann: »Oh kacke! Was ist, wenn das rumgeht?«

So viel kann ich sagen: Es ging rum, und zwar mit durchschlagendem Erfolg. Erst traf es Familie »Maamaa«. Die Mutter hat wohl drei Kilo abgenommen. Oder in dem Fall drei Liter. Der Papa, Typ »Mir ist alles egal«, wurde so dünn – er sah am Ende aus wie ein »i«.

Danach traf es die Stuppsies. Die wurden kurzerhand und aus gegebenem Anlass umbenannt in die Pupsies. Es ist doch erstaunlich, wie hellhörig so Häuser sein können. Vier Leute, vier verschiedene Kotz- und Furzgeräusche.

Wir haben am Kühlschrank gesessen und Kotzquiz gespielt: »Meine Damen und Herren, willkommen zu *Wer hängt jetzt über der Schüssel?*« Die Armen sind dann früher abgereist und haben von unterwegs geschrieben: »Fünfzehn Stunden Heimfahrt, aber nur einundzwanzig Pausen. Toll.«

Zum Abschied gab es natürlich noch Rudelstuppsen und das war: Mööhp ... ein Fehler! Denn dann hatten plötzlich WIR Morbus-Maamaa!

Mein Jüngster war zwischenzeitlich ganz stolz. Zwischen Rotz, Schleim und Tränen meinte er: »Ich habe acht Mal gekotzt. Das ist Rekord!« Ich persönlich habe nur einmal gereihert, aber dabei genauso viel rausgelassen wie mein Jüngster. Der Eimer war nicht nur randvoll, der war oben schon so leicht gewölbt. Ein physikalisches Wunder. Am Ende hat die ganze Anlage »gemaamaat«.

Unter uns: Ich hatte zwischenzeitlich befürchtet, ich wäre an dem ganzen Schlamassel schuld gewesen. Dazu muss man wissen: Einmal pro Woche veranstalten Carlos und seine Frau: »Touriparty am Infinitypool«. Da gibt es eine große Tafel, alle Gäste sitzen dran, alle essen, trinken, reden und jeder bringt was mit. Ich hatte die Pâté mitgebracht, die ich beim Kofferauspacken gefunden hatte. Gut, die war vom Vorjahresurlaub, aber das Zeug hält sich. Und wir alle wissen ja: »So was schmeckt nur im Urlaub!« Und so war es auch. Alle haben die leckere Leberwurst gelobt. Und diese ganze Kotzeskapade ging ja am Ende rein bakteriell viral. Das hatte nix mit mir und der Pâté zu tun. Nein, ich kann nicht schuld sein. Wirklich. Los. Schnell das nächste Kapitel!

Familie Mama führt uns nämlich direkt zu den nächsten Kapiteln dieses Buches. Ich hätte es Ihnen gerne erspart, aber es ist an dieser Stelle unmöglich, nicht davon zu berichten. Also, es tut mir wirklich leid, aber es liegt mir so dermaßen auf der Zunge, beziehungsweise auf dem Stift, dass unausweichlich, aber wirklich auch kein einziger Weg daran vorbeiführt, dieses Kapitel zu schreiben. Ich entschuldige mich jetzt schon im Voraus für alles, was auf den nächsten Seiten folgt.

Aber warum eigentlich? Erstens soll man sich nicht im Voraus entschuldigen. Zweitens sind Sie nun ausreichend vorgewarnt, und es zwingt Sie aber auch wirklich niemand, die nächsten Seiten zu lesen. Springen Sie doch einfach weiter auf Seite 62! Kleben Sie die nächsten Seiten zusammen, reißen Sie sie raus, schwärzen Sie sie! Was auch immer Sie wollen. Oder folgen Sie mir einfach mutig in mein nächstes Kapitel. Es handelt vom Brechen, Kotzen, Göbeln, Reihern.

Worte für die vielleicht drölftschönste Sache der Welt: Das Kotzen

Wobei ich mich immer gefragt habe, was der eigentlich sehr elegante Reiher mit dieser Widerwärtigkeit zu tun hat. Ich für meinen Teil habe noch nie einen Reiher reihern sehen. Ich seh die immer nur in der Wiese stehen und sich nicht bewegen. Vielleicht sind sie unfassbar schnelle Reiherer. Einmal nicht hingeguckt und schon schießt eine kleine Frosch-Mäuse-Mini-Fischfontäne aus dem Reiher und gerade, wenn man denkt: Hat der Reiher etwa gerade gereihert?, dann fliegt er auch schon weg.

Laut Duden gibt es noch andere schöne Begriffe für das Erbrechen-Verbrechen, das sich in unserer Kehle abspielt.

Kübeln. Herrlich. Da weiß man direkt, um welche Menge es sich handelt. Das ist kein damenhaftes Spucken, da wird gekübelt, was der Eimer fasst, und dann zeigt Mann das seinen Kumpanen vor der Kneipe und klopft sich martialisch auf die Brust: »Ich habe gekübelt.«

»Die Fische füttern« ist schon fast poetisch und wird nur noch getoppt von »dem Neptun opfern«. Das sagt man wohl auf dem Meer, wenn man seekrank ist. Wir waren mal im Urlaub Schnorcheln, und der coole Käpten hat uns Landratten erklärt, was zu tun ist, wenn man schnorchelt und es einen überkommt. Sein pragmatischer Tipp: »Haltet es nicht zurück. Kotzt, was ihr könnt. Das ist kein Problem. Die Fische denken, es wäre Weihnachten.«

Und tatsächlich: Bei der Familie aus Japan, die neben uns schnorchelte, war richtig Bescherung. Die Kinderfische haben gleich ihre Freunde geholt: »Kommt schnell! Die Frau aus Asien bringt Geschenke! Geschenke! Geschenke!«

»Speiben«, »koddern«, »kalbern« überspringen wir. Da gehe ich stark davon aus, dass der Duden sich diese Worte ausgedacht hat.

Was mir noch gefällt ist: »Vomieren«. Das sagen wohl Mediziner, und »vomieren« hat so etwas Würdevolles, oder? »Leute, ich hab das Bad vollgekotzt. Geht da bloß nicht rein und guckt auch nicht an die Decke«, oder »Meine Damen und Herren, ich vomierte soeben ins Klosett«. Na? Was klingt besser? Richtig. »Vomieren« ist mein absoluter Lieblingsbegriff.

Wobei ich »Retroperistaltik« oder »Antiperistaltik« auch sehr schön finde, was so viel wie Rückwärtsschlucken bedeutet.

Auf Wikipedia gibt es einen herrlich sachlichen Artikel zu dem Thema und eine großartige Zeichnung der alten Ägypter, auf der eine speiende Pharaonin zu sehen ist. Das sieht schon fast nach Kunst für den Garten aus.

Ist Ihnen das auch schon mal aufgefallen? Erbrechen ist ja nun wirklich nix Erbauliches und trotzdem sind alle europäischen Städte voll mit antiken Brunnen, in denen wohlgeformte Götter fröhlich ins Becken speien. Und wie viele Touristen stehen da jeden Tag davor und machen Fotos? Aber wenn unsereins kein Wasser, sondern etwas Erbsensuppenartiges in die WC-Keramik speit, da steht keine Busladung Rentner staunend davor. Vielleicht ist diese Beobachtung aber auch verstörend.

Wobei man allerdings sagen muss: So ekelig der Vorgang auch ist, eigentlich müssten wir jubeln. Und die Umstehenden sollten uns nach dem Haarehalten frenetisch applaudieren, denn: Brechen rettet Leben. Unser Körper macht das ja nun nicht, um uns zu ärgern oder um uns zu zeigen, wer der Stärkere ist. Unser Körper macht das, um uns zum Beispiel vor Vergiftungen zu schützen. Fischvergiftung. Pilzvergiftung. Alkoholvergiftung. Zuvieldurcheinandergegessenanweihnachtenvergiftung.

Gut, ich will nicht ausschließen, dass unser Körper uns nach der achtundzwanzigsten Kölschvergiftung an Karneval nicht auch ein bisschen bestrafen will. Dem reicht das übliche Kater-Credo nicht: »Das mach ich nie nie nie wieder!«, oder »Nieeeee wieder Alkohol.« Also, bis auf das berühmte Konterbier.

Aber grundsätzlich sind die Absichten durchaus nachvollziehbar. Katzen erbrechen sich, um unverdauliche Haarballen loszuwerden. Vögel erbrechen sich sogar, um ihren Nachwuchs zu ernähren. Wie schön ist das denn! Da können Pferde und Ratten nur neidisch zugucken, denn sie können sich nicht übergeben. Und so verwundert es nicht, dass Erbrechen von der frühen Medizin als eines der wichtigsten Heilmittel angesehen wird.

Da fällt mir auf: Vielleicht stehen ja deswegen überall diese Brunnen! Das sind kleine Kotzdenkmäler! Errichtet für den Heiligen Vomitus, den Schutzpatron aller Magenverdorbenen.

Ich merke schon: Erbrechen ist und bleibt eher negativ besetzt. Deswegen noch ein letztes Mal der Hinweis: Die folgenden Seiten können Übelkeit auslösen. Sie zu lesen ist kein Muss. Und ich rate dringend davon ab, diese Seiten zu lesen, wenn Sie gerade mit 'nem Kakao mit Sahne auf der Couch sitzen.

Auch in der Bahn ist dieses Kapitel keine gute Idee. Generell nicht unter Leuten, und es sollte ein Waschbecken in der Nähe sein. Gut, ganz so schlimm ist es nicht, aber für den ein oder anderen Leser mit flauem Magen könnten diese Seiten zumindest so etwas sein wie eine Mutprobe.

Deswegen habe ich am Ende des Kapitels auch einen Orden gemalt. Den können Sie sich ausschneiden und ans Revers heften oder aufs Auto kleben als Zeichen für alle: »Ich habe das Kotzkapitel überstanden!«

Vielleicht treffen Sie ja jemanden in der Stadt, der sich aus dem Orden eine Brosche gemacht hat und die nun stolz an sich trägt. Dann sehen Sie sich und können sich wissend zunicken: »Er hat es auch geschafft!«

Vielleicht lernen Sie so ja einen Gleichgesinnten kennen und gehen eine Cola trinken oder treffen sich auf ein Eisbein in Aspik mit Nutella und Mayo. Jetzt aber genug der Vorwarnungen und Rumschwafeleien. Ich weiß, dass vielen beim Gedanken an dieses Kotzkapitel schon das Wasser im Mund zusammenläuft. Deswegen legen wir los.

Die »Top Seven« meiner schönsten Kotzgeschichten

Platz 7 …

Eine wahnsinnig tolle Kotzgeschichte ereignete sich mal in den Ferien. Ich war mit drei Kumpels kurz nach dem Abi nach Portugal zum Zelten gereist. An einem Abend hatten wir den genialen Plan, dass wir eine Cocktail-Party machen könnten, und jeder mischt sich dabei seine eigenen Getränke. Das führte dazu, dass sich jeder im Supermarkt eine eigene Flasche Fusel kaufte, mit der wir abends ums Lagerfeuer saßen und fleißig mischten.

Die erste Stunde war wahnsinnig lustig, aber danach verabschiedete sich mein Bewusstsein bis zum nächsten Tag. Irgendwann bin ich wohl zur Seite gekippt und eingepennt. Den weiteren Verlauf haben mir meine Kumpels hinterher geschildert. Mein Freund Daniel hat mich ins Zelt verfrachtet. Dort war es am nächsten Morgen allerdings so heiß, dass ich gar nicht mehr zu mir kam.

So wurde ich wieder aus dem Zelt rausgezogen, und meine Freunde verfrachteten mich in Klamotten unter die kalte Dusche. Dort bin ich dann in unbändige Freude ausgebrochen, dass ich hier, ganz am A… von Portugal, meine drei allerbesten Freunde treffe. So ein unfassbarer Zufall! Dass wir zusammen angereist waren und ich in Klamotten unter der Dusche stand, kapierte ich gar nicht.

Die Jungs beschlossen, dass wir trotzdem alle zum Strand gehen sollten. Also wurde ich geschultert und hinten ins Auto geworfen. Auf dem Weg zum Strand gab es eine Porzellanmanufaktur, die die drei unbedingt besuchen wollten.

Ich wäre dort in meinem Zustand allerdings ein sehr teurer Gast geworden. Aber einfach so im Auto liegenlassen? Bei der Hitze? Das soll man ja noch nicht mal mit Hunden machen. Also wurde ich wieder geschultert und auf einer kleinen Mauer vor der Manufaktur abgesetzt. Als die Jungs wieder rauskamen, war ich weg. Was daran lag, dass ich rückwärts in einen wohl sehr weichen Busch gefallen war und dort eingeschlummert bin. Zack! Wieder über die Schulter und ab zum Strand. Dort wurde ich liebevoll in den Schatten unter einem Felsvorsprung gelegt und schlief weiter. Auf diese Schlummerei folgte dann tatsächlich mein erstes bewusstes Erwachen. Es war ein Gemisch aus Erstaunen, wie ich an diesen Strand gekommen war, unfassbarer Übelkeit und starkem Kopfschmerz. Und wiederum erst zwei Stunden später in einem Restaurant kam dann vom Abend alles noch mal hoch. Im wahrsten Sinne des Wortes.

Trotzdem hatte ich eine Bombenlaune, und als ich mich endlich leergeschwallert hatte, gab es erst einmal einen schönen Salat.

Einen Cocktailabend, an dem sich jeder sein eigenes Getränk mischt, habe ich nie wieder veranstaltet, und ich sag mal so: Rieche ich Genever, muss ich würgen!

Platz 6 …

… handelt vom Drang, sich erbrechen zu müssen, wenn die eigenen Kinder wieder einmal den eigenen Strampler oder ihr Gitterbett vollgereihert haben.

Man muss allerdings zur Ehrenrettung meines älteren Sohnes, 10, sagen, dass er wirklich, aber wirklich noch nie gebrochen hat. Deswegen möchte auch keiner der erwachsenen Beteiligten beim ersten Mal dabei sein. Das wird der totale Terror. Aber der Kleine, 8, ist mit dem Brechvorgang durchaus vertraut und schafft es bereits seit mindestens zwei Jahren, den Gulp nicht mehr einfach rausschießen zu lassen, sondern sich wohlorganisiert und meist rechtzeitig einen Eimer zu schnappen. Ich bin sehr stolz auf ihn, aber auch erleichtert, dass das Teppichschrubben und das Herauspopeln einzelner Kötzelbröckchen zwischen Kleinkindbettgitterstäbchen ein Ende hat. Denn genau das waren die Momente, in denen ich als Mutter zwar Mitleid empfunden habe, selbiges aber nicht ausreichend kundtun konnte, da mein Körper wahnsinnig damit beschäftigt war, Magensäure anzusammeln und diese langsam die Speiseröhre heraufzuschicken. Doch außer eines Würgegeräuschs, das oft dem Schrei einer brunftigen Eberkuh ähnelte … (Gibt es das? Oder heißt sie Eberine? Egal.) … außer des Schreis kam nix. Wie gesagt: Keine Auswürfe, die nicht wieder runterwürgbar waren oder die die Menge von 2 cl überschritten. Ich kann also mit Stolz von mir behaupten, dass ich nie wirklich meine eigenen Kinder vollgereihert habe, während ich ihr Erbrochenes beseitigte, zumal ich aus Sicherheitsgründen meistens Papi damit beauftragt habe, der im Umgang mit Erbrochenem härter im Nehmen ist.

Platz 5 …

… fand nach einem Auftritt in Hannover morgens im Hotel statt. Ob es am Catering vom Vorabend gelegen hatte oder der letzte Cocktail mit meiner Band an der Hotelbar schuld war, lassen wir mal dahingestellt. Der Notarzt, der später tatsächlich anrückte, diagnostizierte allerdings ein flottes 24-Stunden-Virus.

Kennen Sie das Gefühl, das man hat, kurz bevor der Körper alle Schleusen öffnet? Ich lag also kaltschweißig im Hotelzimmerbett in Hannover. Meine Freundin Lotte, die mich öfter bei Tourauftritten begleitete und extreme Expertin im Magen-Darm-Bereich ist, teilte sich mit mir das Zimmer. Sie durchschaute direkt das komplette Ausmaß des Elends. Ich lag kreideweiß und steif wie ein Stock im Bett und hatte das Gefühl, dass wenn ich auch nur den kleinen Finger anheben würde, sich sofort alles Innere nach außen kehren müsste. Sprechen konnte ich gar nicht mehr. Musste ich aber auch nicht.

Lotte verstand. Sie erhob sich aus ihrem Bett und zeigte mir ruhig und bedacht, wie all dies ein gutes Ende finden könnte. Sie öffnete die Tür zum Bad, die sich unmittelbar hinter dem Fußende des Bettes befand, setzte sich dort auf das Klo, und in einer perfekten Pantomime hob sie die optimale Position der Dusche hervor, in die man sich bequem erbrechen konnte, während der Torso auf der Schüssel den Rest erledigte.

Sie erklärte, dass sie das Zimmer nun verlassen würde, öffnete Klodeckel und Duschtür und testete noch schnell, wie lange der Spurt vom Bett zur Keramik wohl dauern würde, stellte fest, dass ich alles höchsten noch acht Sekunden bei mir behalten müsste und verschwand.

Was soll ich sagen? Ich schaffte die acht Sekunden, und keine fünfzehn Minuten später war ich leer. Der Arzt trabte an, da ich am selben Abend noch einen Auftritt in Potsdam absolvieren wollte. Ich bekam eine Infusion, wurde wie Schlachtvieh nach Potsdam verfrachtet und betrat mit einem Eimer im Arm die Bühne. Es war ein lustiger Abend. Gut, kurz vor der Zugabe kam noch ein kleines Kötzelchen, Gott sei Dank aber hinter der Bühne, und ja, okay, die erste Reihe hatte wohl komplett den Anfang der Woche arbeitsfrei. Aber, ich hatte es geschafft!

Bei Platz 4 …

… ist besagte Lotte die Protagonistin, und die Geschichte ist wahnsinnig schnell erzählt. Lotte stand morgens vor einem Dreh im Bad vor dem Spiegel und bemerkte eine kleine Unpässlichkeit im Magenbereich. Sie beschloss, ruhig zu bleiben und sich erst einmal die Zähne zu putzen. Dann ging allerdings alles sehr, sehr schnell, und das Erbrochene verließ schneller ihren Mundraum als sie in der Lage war, ihre elektrische Zahnbürste aus selbigem zu entfernen. Quintessenz: Ihr Bad musste neu gestrichen werden. Das Tolle an Lotte ist, dass sie es, nachdem es ihr besser ging, gar nicht mehr aushalten konnte, bis der Dreh endlich anfing, damit sie mir diese wahnsinnig schöne Geschichte erzählen konnte.

Was soll ich sagen? Sie war einfach stolz, und das völlig zu Recht.

Platz 3 …

… der besten Kotzgeschichten steht nicht in unmittelbarem Zusammenhang mit Lebensmitteln, sondern ist einer Seefahrt in Süditalien geschuldet. Die Fahrt ging von Terracina nach Ponza, eine kleine vorgelagerte Insel. Ich war mit meinen Eltern und meinem damaligen Freund an Bord. Die Überfahrt dauerte anderthalb Stunden, die an diesem Tag noch sehr lang werden würden.

Es war starker Seegang, und wir standen ganz vorne an Deck des Schiffes und begrüßten jeden Aufklatscher des Bootes nach einer hohen Welle mit lautem Gejohle.

Irgendwie verpasste es mein damaliger Freund festzustellen, dass sich bei ihm eine gehörige Übelkeit zur Freude über die bewegte See dazugesellte, und so kam beim nächsten Johler ein gewaltiger Strahl Pizza, Pasta und was man in Italien so Leckeres isst – in diesem Fall leider leicht anverdaut. Mein Vater stand unmittelbar hinter ihm, und ich muss nicht erwähnen, dass der Wind von vorne kam.

Das Ende vom Lied: Mein Vater, der total seefest war, von dem ich aber meine Aversion gegen Erbrochenes geerbt habe, wurde von einem Sprenkler getroffen und verbrachte den Rest der Seefahrt, indem er sich der Geräusche brunftiger Eber bediente.

Unten im Schiff war die Hölle los, da doch mehrere Menschen sich den vorherigen Tag noch mal durch den Kopf gehen ließen. Da auch die Waschbecken randvoll waren, konnten wir das T-Shirt meines Freundes nicht auswaschen, und er musste es wegschmeißen. Oberkörperfrei betrat er dieses kleine, schöne Eiland, nachdem er dankend das lilagepunktete Top meiner Mutter abgelehnt hatte. Die kaufte ihm zum Trost in einem schlimmen Touri-Shop ein T-Shirt mit einem Comic, auf dem die 69 besten Sexstellungen abgebildet waren. Mit gesenktem Haupt betrat er zur Besichtigung die Kirche der Insel. Wir mussten uns am selben Abend noch trennen, da meine Eltern und ich wieder zurückmussten. Er jedoch hat das Schiff nie wieder betreten und betreibt seitdem einen gutgehenden Laden auf Ponza mit geschmackvollen Ersatzklamotten.

Spaß! Wir sedierten ihn am Abend mit sämtlichen Mitteln aus der einzigen Apotheke der Insel, und er verschlief die komplette Rückfahrt auf einem spiegelglatten Meer.

Auf Platz 2 …

… bin ich am allerallerstolzesten, da es sich bei dieser Magen-Darm-Sache um den Klassiker handelt: verdorbenes Hack! Genaugenommen war es Tatar. Kennen Sie diese kölsche Spezialität? Rohe, zerschredderte Kuh mit Ei? Und Zwiebeln? Und Gewürzen? Und Kapern? Und, und, und? Sie landete bei mir auf dem Teller in einem kölschen Brauhaus, dessen Namen ich natürlich nicht nenne. Die Kuh hatte eben einfach etwas zu lange abgehangen, und das kann ja schließlich jedem mal passieren. Schon als ich das Fleischkonfetti sah, dachte ich: »Huch! Das ist doch normalerweise gar nicht grau, sondern eher saftig rot.«

Da ich mich in Restaurants aber nicht beschweren kann

(darauf kommen wir an anderer Stelle dieses Werks noch zu sprechen), mampfte ich zumindest zwei Drittel dieses Teufelsbratens brav in mich rein. So weit, so gut. Circa eine Stunde später wurde ich vom Produktionsfahrer aufgepickt, da ich am selben Tag noch beim Comedy Grand Prix als Jurymitglied in der Aufzeichnung sitzen sollte. Vorbesprechung: check! Maskenzeit: check! Sendungsbeginn: check!

Aber nach etwa zweieinhalb Stunden Aufzeichnungszeit braute sich ein Unwetter in meinem Magen-Darm-Trakt zusammen. Verkrampft lächelnd saß ich im Studio, und der kalte Schweiß lief mir den Rücken runter. Eine Dreiviertelstunde konnte ich den Vulkanausbruch unterdrücken, ich würgte das berühmte Land einfach immer wieder runter. Die wenigsten Menschen wissen ja von mir (gut jetzt wissen Sie es alle), dass ich immer ganz schlimm weinen muss, wenn ich mich übergebe. Diese Blöße wollte ich mir im deutschen Fernsehen nun wirklich nicht geben. Kotzen und weinen gleichzeitig, und das auch noch bei einer Comedyveranstaltung, in der der deutsche Komikernachwuchs auf ein Urteil hoffte.

Eigentlich eine lustige Vorstellung. Aber ich glaube, der Sender wäre dagegen gewesen. Was soll ich sagen? Ich schaffte die Sendung bis zum Schluss, spurtete aus dem Finale aufs nächste Klo, wo sich alle Schleusen öffneten, und als ich rauskam, stand da schon mein Fahrer mit Handtuch und Mülleimer in der Hand, verfrachtete mich auf den Rücksitz, und schon wieder wurde ich wie Schlachtvieh durch dieses Land gefahren.

Falls Sie die Sendung noch mal in der Wiederholung gucken sollten, wissen Sie nun Bescheid, warum die Boes am Ende so verkrampft aussah – es lag definitiv nicht an Oli Geissen: Comedy Grand Prix 2017.

Meine Damen und Herren! Platz 1 des Vomierens ...

... stammt aus besagtem Urlaub in Andalusien, als die komplette Anlage ihr Innerstes nach außen kehrte.

Noch alle gesund und ohne besondere Vorkommnisse haben wir uns in diesem Urlaub ein Bötchen geliehen, um einen kleinen Trip zu machen. Wir nahmen eine Freundin und ihren kleinen Sohn mit auf den Ausflug. Der größere Bruder hing bereits zu diesem Zeitpunkt über der Schüssel, was uns zu denken hätte geben sollen. Louis, so heißt unser kleiner bester Kumpel, fand die Bootsfahrt irre toll und brüllte zusammen mit meinem Jüngsten sehr laut kölsche Lieder über das Meer. In einer beschaulichen Bucht hielten wir an, und mein Freund beschloss, ein bisschen zu schnorcheln. Hätte er geahnt, was fünf Minuten später passieren sollte, hätte er das gelassen.

Mütter und Kinder blieben an Bord und veranstalteten ein Picknick. Genau dieses gab Louis-Bouis den Rest. Unvorangekündigt, und ich möchte sagen geysirartig, verließ genau dieses Picknick, und gefühlt auch das Essen der gesamten letzten acht Tage, diesen kleinen Kerl. Geistesgegenwärtig ging natürlich alles über die Reling ins Wasser. Da die Menge dieses Ergusses aber derartig groß war, kamen die Fische mit der Mahlzeit gar nicht mehr nach, und unser kleines Boot waberte durch ein Meer von Erbrochenem. Rundumschlag, quasi.

Papi, der ja noch auf Tauchgang war und von alledem nichts mitbekommen hatte, schwamm beherzt, nachdem er an der Wasseroberfläche aufgetaucht war, auf dieses Trümmerfeld zu. Was haben wir gewunken vom Boot aus. Und was hat er sich gefreut und zurückgewunken! Zum Glück haben wir auch geschrien, denn so konnten wir ihn davon abhalten, in den Gegorene-Lebensmittel-Teppich hineinzugeraten. Wir gaben ihm zu verstehen, dass er raus auf das weite Meer musste, um wieder an Bord zu kommen. Wir starteten den Motor, verließen die garnierte Bucht und fischten den mittlerweile etwas erschöpften Schnorchler auf hoher See wieder auf, um das arme kranke Kind schnell an Land zu bringen. Das arme kranke Kind erholte sich allerdings in Sekunden. Es war ja auch alles draußen, und es grölte, auch auf der Rückfahrt, seine kölschen Töne durch Südspanien.

Und was lernen wir aus diesen ganzen Geschichten? Brechen kann durchaus auch Freude bereiten!

Geschafft. Und hier der Orden zur Belohnung.

Die hohe Kunst der Etikette – nach Dr. knab. lutsch. pell. Mirja Boes

Nachdem wir eingehend geklärt haben, wie man Lebensmittel von sich geben kann, widmen wir uns nun der anderen Richtung. Wie kommt das Essen in uns rein?

Ich habe schon mal gesehen, wie ein Mann eine Nudel eingeatmet hat. Wenn sie jetzt denken: »Ha, das kann meiner mit Chips und Bier und alles vom Grill« – falsch.

Ich meine: WIRKLICH eingeatmet. Und zwar lag die Nudel, in dem Fall eine locker vierzig Zentimeter lange Spaghetti, feucht dampfend auf einem Tisch und wurde mit einem Nasenloch eingeatmet. Ich war genauso perplex, wie Sie es jetzt beim Lesen sind! Dazu möchte ich kurz festhalten: Es geht nur mit einer feuchten Nudel. Es geht offensichtlich nur, wenn man sich das andere Nasenloch zuhält. Es geht nur, wenn man KEINEN Schnurrbart hat. Und – das erscheint mir das Wichtigste zu sein – es geht nur: Wenn man ordentlich einen an der Murmel hat. Aus diversen Selbstversuchen weiß ich, dass das nämlich ziemlich gefährlich ist und im wahrsten Sinne des Wortes nach hinten losgehen kann. Vor allem, wenn man es aus einer Bierlaune heraus versucht, um die Bandmitglieder zu beeindrucken!

Nun also zur normalen, nicht-nasalen Lebensmittelaufnahme! Es gibt ja unfassbar viele Möglichkeiten, Lebensmittel zu sich zu nehmen, wenn da nicht diese ganzen Regeln wären.

Schon als Kind bekommt man gesagt: »Der Löffel geht zum Mund und nicht der Mund zum Löffel!« Wenn ich bei meinen Söhnen nur bei diesen Feinheiten angekommen wäre! Es gab Zeiten, da war ich froh, wenn sie überhaupt Besteck benutzt haben.

Ich höre mich noch brüllen: »Nein! Nicht mit den Fingern! Ja, auch bei Suppe!« Von Tischetikette sind wir meilenweit entfernt.

»Wir essen erst, wenn alle sitzen!« Fehlanzeige.

»Beim Essen wird nicht gesungen, getanzt oder mit dem Stuhl gekippelt!« Möhp.

»Man steht erst auf, wenn alle fertig sind!« Auch negativ.

Irgendwie ist das alles an uns vorbeigezogen. Zugegebenermaßen könnte das an mir liegen. Was nützt die ganze feine Essenserziehung, wenn ich als Mutter bestimmte Gewohnheiten nie abgelegt habe und dementsprechend meinen Kids schlechte Manieren wortwörtlich vorkaue? Dazu muss man wissen, dass ich für jedes Lebensmittel, meist sind das bei mir ja Süßigkeiten, eine andere Technik anwende. Und dabei bin ich nicht die Einzige. Iwo! Ich habe den Menschen aufs Maul geschaut und kann meine wissenschaftlichen Erkenntnisse fundiert untermauern! Stellen Sie sich bitte vor, wie ich eine schlaue Brille aufsetze und klug gucke. Ich weiß, es ist schwer vorstellbar, aber tun Sie es bitte trotzdem. Und jetzt stellen Sie sich bitte vor, wie Professor Doktor Mirja Boes auf eine ausgeklügelte Powerpoint-Präsentation deutet und sagt: »Was is 'ne Mampfmaschine? Da stellen wir uns mal ganz dumm!«

Ich unterscheide hier fünf Gruppen von Ess-Typen. Ich persönlich gehöre nicht einem Typus allein an, sondern natürlich allen fünf. Je nach dem, was mir zwischen die Kiemen kommt. Wenn Sie wollen, können Sie sich in den Beschreibungen wiederfinden und noch besser: es auch einmal selbst probieren. Gerne auch beim Lesen. Das Papier dieses Buches soll sehr saugfähig sein, sagt der Verlag. Nun also zu den fünf Gruppen und ihren Esstechniken.

Typ 1: Der Geräuschmacher

Wir kennen ihn alle. Den Menschen, der jedes Lebensmittel in eine kakophonische Mampfsymphonie verwandelt. Die Zunge ist der Dirigent, der Schlund der Orchestergraben und dazwischen wetteifern die Schmatzgeigen mit den Knatschpianos. Die Schlürfhörner versuchen die Gulptrommler zu übertreffen. Während der Klarinettenrülpser die Mümmler-Melodie flötet bis Fagott-Mahler, Trompeten-Würger und Tuba-Stöhner zum großen Finale ansetzen! Da bin ich, Gott sei Dank, sehr unempfindlich.

Im Gegensatz zu meiner Mutter, die sich weigert, mit mir ein Kino zu betreten. Dafür gibt es zwei Gründe. Erstens: Sie findet es übertrieben und unnatürlich, dass nur für uns ein Film angemacht wird. Zweitens: Sie wird in den Wahnsinn getrieben von Popcorn-Raschlern und Nacho-Schmatzern.

Mich persönlich stören Geräusche beim Essen nicht so doll. Wenn zum Beispiel der Saxophonist meiner Band auf der Tour beim Kauen die Kiefer klacken lässt, weil das bei ihm anatomisch wohl so vorgesehen ist, dann nervt mich das nicht, sondern ich finde es eher anheimelnd und stelle mir bei jedem kleinen Klackgeräusch vor, es wäre ein kleiner Ast, der nun im Kaminfeuer knistert. Sie sehen, ich bin essensakustisch sehr tolerant.

Ich würde sogar noch weiter gehen. Manchmal bewundere ich Tiere. Wie viel die beim Essen noch nebenbei erledigen können. Meine Katze Minkie zum Beispiel konnte sich vor lauter Bock auf Essen so sehr über ein Stück Fleisch freuen, dass sie beim Kauen weiter leise miaute, schnurrte und natürlich schmatzte – und das alles gleichzeitig! Ich fand das toll! So was kann sonst nur Onkel Rüdiger.

Typ 2: Der Nager

Knabbern kann man ja alle Süßigkeiten, bei denen die Schokolade nicht so innig mit dem Kern verbunden ist. Bei sehr kalter Yogurette zum Beispiel ist es durchaus möglich, die obere Schokolade vorsichtig mit den Zähnen abzuknabbern, um die Joghurtcreme mit den Erdbeerstückchen freizulegen. Wenn es je einen Beweis brauchte, dass Menschen die Krone der Schöpfung sind, dann ist es die Fähigkeit, Joghurtcreme mit Erdbeerstückchen freizuknabbern. Und was soll ich sagen? Ich stehe sogar manchmal nachts auf und knabbere mir einen. Bei einigen Ritter-Sport-Sorten geht dies auch. Beim Raffaello ist es eher ein schabendes Knabbern, wenn man versucht, die Kokossplitter von der Gebäckkugel abzuknuspern. Was danach mit dieser Kugel passiert, fällt bei mir schon unter die Rubrik Lebensmittelchirurgen beziehungsweise Lebensmittellutscher, wobei die Rubriken hier auch gerne fließend ineinander übergehen – eben wie die angesabberte Süßigkeit. Wer richtig gut in der Nagedisziplin ist, schafft es sogar, ein Schoko-Bon des Schokoladenmantels zu entledigen. Aber das ist wirklich was für Profis.

Es soll sogar Menschen geben, die knabbern Eis. Ich zum Beispiel! Dazu bevorzuge ich Cuja Mara Split. Da kann man ganz vorsichtig das Cuja Mara abknabbern und sich dann genüsslich dem Split widmen. Ich hoffe, das heißt so. Mir ist letztens erst aufgefallen, dass Cuja Mara ein Wortspiel mit Maracuja ist. Falls Sie wissen, was Nogger Choc bedeutet, schreiben Sie mir dringend! Und falls Ihnen Cuja Mara knabbern zu freaky ist, starten Sie mit Eishappen – auch als Eissandwich erhältlich. Auch da kann man mit geschicktem Sezieren die Waffel mit den Zähnen vom Eis trennen.

Typ 3: Der Lutscher

Bei den Lutschern unterscheide ich Indoor- und Outdoorlutscher, wobei ich die Outdoorlutscherei stets heimlich betreibe. Ich versuche es zumindest, und es gibt einen einfachen Grund dafür: Weil es echt eklig ist! Outdoor bedeutet hier, dass jeder das Ergebnis nachher sehen kann. Zum Beispiel, wenn beim Kinderriegel die Schokolade abgesabbert wurde und nur noch die weiße Milchcreme durchzogen von bräunlichen Speichelspuren überbleibt. Das schmeckt super, will aber wirklich niemand sehen. Schlimmer ist es nur noch bei Eis. Okay, wenn man ein Leck-Eis hat, muss man lecken, ist ja klar. Aber das meine ich nicht. Ich meine das Eis, das man löffelt.

Kennen Sie die Menschen, die den Eislöffel ganz vollmachen, ihn dann in den Mund schieben und unmittelbar danach halbvoll angeseiert wieder rausziehen? Ekelerregend. Was soll denn das? Warum nimmt man nicht so viel, wie man wirklich auf einmal essen will? Waren die Augen wieder größer als der Magen? Ich flippe gleich aus! Das macht man doch auch sonst nicht. Im Winter beim Schneeschippen zum Beispiel: Da lässt man doch auch nicht den halben Schnee auf der Schippe kleben. Bevor du mit der Technik die Auffahrt geräumt hast, ist der Sommer da. Echt. Wer Eislöffel halb angelullert aus dem Mund zieht, der ... der ... der schubst auch Hundewelpen!

Diese Widerwärtigkeit wird nur noch getoppt, wenn diese Prozedur mit herzhaften Lebensmitteln wie zum Beispiel Kartoffelpü durchgezogen wird. Bäh! Bevor mir schlecht wird, weiter im Text.

Typ 4: Die Lebensmittelchirurgen (ich nenne sie auch Süßigkeitenobduzierer, und eigentlich sind sie eins mit der Gruppe der Indoorlutscher)

Die Lebensmittelchirurgen unter uns sind in der Lage, eine Süßigkeit innerhalb ihres Mundraums in ihre sämtlichen Einzelteile zu zerlegen. Dies äußert sich durch wahnsinnig bescheuerte Gesichtsausdrücke! So, wie wenn man versucht, mit geschlossenem Mund zu gähnen. Versuchen Sie es mal vor dem Spiegel!

Ich persönlich bin nicht nur Lebensmittelchirurg. Ich bin Chefarzt! Falls Sie es studieren wollen, kommen Sie in meine Vorlesung. Da seziere ich live ein Raffaello!

Denn sind die Kokosflocken erst einmal abgeknabbert (siehe 2. Die Nager), dann rein mit dem Ball in die Lebensmittelschleuse, und nun gilt es diesen Ball vorsichtig zu öffnen, die Kokoscreme rauszufiltern und erst ganz zum Schluss die Mandel zu essen. Warum auch immer! Ferrero Rocher funktioniert nach genau dem exakt selbem Schema, nur mit Haselnüssen statt der Mandel und mit Schoko- statt Kokoscreme. Toffifee ist auch eine Kombi-Süßigkeit, die sich hervorragend sezieren lässt. Zuerst knabbere ich vorsichtig das Schokoplättchen vom Deckel, danach lutsche ich im GESCHLOSSENEN Mund die Schokocreme aus der Karamellschale, um anschließend erst das Karamell und dann die Nuss zu essen.

Leute vom Supertalent, wenn ihr das lest: Ich kann gerne vorbeikommen! Wer braucht schon singende Bellos, die Salto schlagen! Hier ist Magic Mirja, die magische Schleckliesel! An dem Namen arbeite ich noch. Bevor ich mich hier in Detail-Schwelgereien verliere, kommen wir zur nächsten Gruppe.

Typ 5: Der Lippenpeller

Hier handelt es sich um Lebensmittel, deren Äußeres wie ein rohes Ei gehandhabt werden sollte, weil sie sehr fragil sind. Spontan fällt mir dazu die Milchschnitte ein. Da muss man schon mit äußerster Vorsicht rangehen, wenn man den dunklen, weichen »Brot«rahmen von der weichen »Milch«creme trennen will. Wobei ich Worte wie Brot und Milch absichtlich in Anführungszeichen gesetzt habe. Bei einer Milchschnitte nimmt man am besten nur die Lippen und wabert das Braune vom Weißen. Fast ein bisschen wie ein Pferdchen, das mit vorsichtigen dicken Lippen nach einem Apfel greift.

Ich hätte es Ihnen gerne erspart, aber bei dieser Beschreibung drängt sich mir unvermeidbar ein Bild aus meinem Rückbildungskurs auf, das ich natürlich trotzdem sehr gerne mit Ihnen teile, hihi!

Wir reden von der Zeit nach der Geburt meines zweiten Kindes. Ich sollte zum Rückbildungskurs und zur Beckenbodengymnastik, damit der Schlendrian, der sich im Unterleib durch extreme Überdehnung beim Geburtsvorgang eingeschlichen hatte, wieder in seine Grenzen gewiesen werde.

Ich lag auf dem Rücken mit leicht angewinkelten, gespreizten Beinen ... An dieser Stelle sollte ich erwähnen: ALLE waren bekleidet. Also noch mal.

Ich lag auf dem Rücken mit leicht angewinkelten, gespreizten Beinen und wurde mit lieben Worten von der Hebamme mitgenommen auf eine Phantasiereise auf eine reife Obstplantage. Dort wurde ich aufgefordert einen sehr, sehr reifen Pfirsich in mir aufzunehmen, Stück für Stück seine weiche, nachgebende Haut abzupflücken und anschließend vorsichtig sein zartes Fruchtfleisch abzuknabbern.

Dass wir uns hier nicht falsch verstehen: Wir reden immer noch vom Unterleib. Bedeutet: In meiner Phantasie habe ich damals mit meiner Mumu einen Pfirsich gegessen. Kurz danach musste ich in einer Fernsehsendung gegen die extrem fitte Carmen Geiss im Trampolinspringen antreten. Und was soll ich sagen? Ich war froh, dass ich eine Kunstlederhose in Schwarz anhatte! So fräste ich mich nach der Sendung phantasiemäßig noch durch einige Pfirsichfelder. Aber allen, die sich jetzt hier Sorgen machen, soll gesagt, beziehungsweise geschrieben werden: Es ist alles wieder im Lack! Und heute würde ich es sogar mit einer Kokosnuss aufnehmen!

Oma Erna

Wir alle haben sie! Cäsar, Napoleon und sogar Lord Voldemort hatten welche. Ohne sie wären wir alle nicht da. Aber viele von uns wären ein Stückchen dünner. Ich rede von Omas. Es gibt sie in allen erdenklichen Größen. Vornehmlich aber in kleinen Größen. Einige sind rundlich. Andere haben weiße Wolken auf dem Kopf. Bei wieder anderen sind die Wolken lila mit einem leichten Grünschimmer. Ihr merkt schon: Ich steh auf Omas!

Eigentlich bin ich selbst sogar mit drei Omas groß geworden. Kulinarisch bleibt aber am meisten über Oma Erna zu berichten, da ich meine Kindergarten- und Grundschulzeit mittagessenstechnisch bei ihr verbracht habe. Sie wissen schon. Die Oma mit dem Hotta.

Außerdem gab es noch die Mutter meines Papas, Oma Hilden. Sie hieß Oma Hilden, weil sie eben in Hilden wohnte. Is' ja klar. Gut, Oma Los Angeles oder Oma Miami hätte besser geklungen, aber immer noch besser als Oma Mettmann! Sie war groß und stattlich, und in meiner Kindheit kam mir ihr Busen gigantisch vor. Das kann aber am Blickwinkel liegen. Vielleicht sind deswegen viele Frauen mit kleinen Männern zusammen.

Aus heutiger Sicht wäre mir ein bisschen mehr »Oma Hilden« in der Oberweite gar nicht so unangenehm. Hihi, ich stell mir gerade vor, wie Sie gefragt werden, worüber Sie gerade lesen, und Sie müssen dann antworten: »Brüste von Omas.« Sorry, SIE haben das Buch gekauft.

Oma Hilden trug eine geschickte Hochsteckfrisur, die mit den Jahren etwas lichter wurde. In der Erinnerung ist sie immer die etwas vornehmere Oma gewesen. Sie zeigte meinem Bruder und mir gerne kleine Tricks, zum Beispiel wie man mit einem schwarzen Stift grün schreiben konnte. Da müssen Sie jetzt aber selbst darauf kommen, wie das geht. (Keine Sorge, im Laufe des Buches verrate ich es. Ich sag aber nicht, wann. Sie sollen schließlich bis zum Ende lesen.)

Oma Hilden kam uns immer regelmäßig mit meinem Opa Hilden besuchen, und wenn sie nicht zu uns kamen, fuhren wir zu ihnen nach Hilden. Das klingt jetzt profan, denn heute ist das nur ein Katzensprung. Früher kam es uns wie eine besonders aufregende Reise vor. Wie bei Jules Verne! Bei uns hieß es nicht: *In achtzig Tagen um die Welt* oder *Die Reise zum Mittelpunkt der Erde*, sondern: *In gefühlt achtzig Minuten zum Mittelpunkt der Kuchenwelt*! Bei meiner Oma gab es nämlich immer leckeren Kuchen und davon auch sehr viel. Kuchenmathematik nach Oma Hilden war: Sind wir zu viert, wird der Kuchen geviertelt. Wie oft hatte ich mir vorgestellt, meinen Bruder an der Raststätte zu vergessen, nur damit wir dritteln könnten! Und falls Sie jetzt denken: Und was war, wenn ALLE da waren? Was machte Oma Hilden, wenn sechs, acht, zwölf Gäste da waren? Ganz einfach!

Waren alle da, wurden einfach so viele Kuchen gebacken, dass jeder ein Viertel bekommen konnte. Zack! Hatte ich erwähnt, dass Oma und Opa Hilden sehr stattliche Menschen waren?

Wir besuchten gerne die Omakuchenmanufaktur Hilden, auch weil es Weihnachten Lebkuchenhäuser gab – zumindest so lange, bis sich Klein-Mirja durch die Häuser marodiert hatte wie Godzilla durch Tokio. Aber unser Alltag fand am Niederrhein statt, womit wir auch schon bei »Oma zwei« wären, die eigentlich gar keine leibliche Oma war, sondern auf mich aufpasste, bevor ich in den Kindergarten kam. Sie war da, wenn meine Lehrereltern in der Schule waren. Sie hieß Frau Schneider und du. Sie führte den Haushalt und kochte und bespaßte mich. Und zwar alles zeitgleich. Während sie kochte, jagte ich mit dem Kochlöffel Murmeln durch die Küche. Während sie den Garten schön machte, spielte sie mit mir Verstecken, und sie hat mich wirklich nie in einem Busch vergessen. Samstags um zwölf ging immer die Feuerwehrübungssirene los, und Frau Schneider verpasste nie den Zeitpunkt um 11:59 Uhr, um mich, wo auch immer ich war, auf den Arm zu nehmen und zu packen, da ich immer in Panik ausbrach, wenn ich das Geheule hörte. Vielleicht brauchte Frau Schneider aber auch selber jemanden zum Festhalten. Schließlich stammte sie aus einer Zeit, in der Sirenen nicht zum Üben betrieben wurden. Kurz: Sie war meine Lieblings-Frau-Schneider!

Eine Sache an ihr störte mich aber. Ich habe sie allerdings eigenhändig in den Griff bekommen. Vor dem grünen Samtsofa, und auch noch an anderen Stellen bei uns im Haus, lagen in den Siebzigern so bunte Teppiche mit Fransen an den Enden. Genau für diese Fransen gab es einen Fransenkamm, der war silbern und aus Zink. Da Frau Schneider das Haus immer sehr gut in Ordnung hielt, kämmte sie jeden Tag diese Teppichfransen mit Hingabe. Obwohl ich noch nicht einmal im Kindergartenalter war, stellte ich schnell fest, dass a) diese Arbeit zu übernehmen auf Dauer überhaupt keinen Spaß machte und b), dass Frau Schneider mit derartiger Sorgfalt kämmte – heißt: sehr lange! – und in der kompletten Kämmzeit überhaupt nicht mit mir spielen konnte. Verdammt!

Da ich aber praktisch veranlagt bin, besorgte ich mir aus der Kramschublade eine Schere und schnitt in einem unbemerkten Augenblick alle Fransen ab. Problem gelöst.

Frau Schneider bekam einen Schreck, aber keine von uns bekam Ärger, da meine Eltern für mein recht plausibles Handeln natürlich Verständnis hatten. Ergo wurde in Zukunft nicht mehr gekämmt und viel mehr gespielt. Deswegen mein Tipp an alle Leser: Schneiden Sie alles ab, was Sie zu lange kämmen müssen!

Ich halte fest: Frau Schneider konnte toll Haushalt und toll spielen. Und sie konnte noch etwas Tolles: ihre Zähne rausmachen! Die lagen dann in einem Glas Wasser neben dem Bett. Das heißt: Frau Schneider konnte gleichzeitig schlafen, lächeln UND Zähne putzen. Irre.

Diese Ersatzteile führen mich unweigerlich zu Oma Erna. Die wiederum konnte ihr Haar abnehmen. Wegen einer früheren Erkrankung trug sie eine flotte Perücke. Damit habe ich im Kindergarten dann auch immer angegeben.

»Hey, ich hab drei Omas. Also immer eine mehr als wie du. Und die eine kann mit Schwarz grün schreiben, die andere kann ihre Zähne rausnehmen und die dritte sogar ihr Haar abnehmen, und jetzt kommst du-hu!«

Nun aber zum eigentlichen Titel dieses Kapitels: Oma Erna.

Oma Erna war einfach toll. Kapitel zu Ende. ... Spaß!

Ich habe ab dem Kindergarten immer bei Oma Erna zu Mittag gegessen. Sie war ein fester Bestandteil meines alltäglichen Lebens, und ich hing sehr an ihr. Das ging so weit, dass ich einmal auf dem Weg in die Ferien, in fünfhundert Kilometern Entfernung zu Oma Ernas Wohnung – wir sagten ihr immer als letztes »Tschüss«, bevor es losging –, auf einmal einen Weinkrampf bekommen habe, weil ich vergessen hatte, wie sie aussah! Panikartig stürzte meine Mutter auf die Rückbank, da mein Vater den Umweg von tausend Kilometern nicht in Kauf nehmen wollte, und malte mit mir verzweifelt ein Porträt ihrer Mutter. Für diese Ferien sollte es reichen, und noch mal passierte das nicht. Ab der nächsten Reise pinnte ein Foto meiner Oma an der Kopfstütze des Fahrersitzes. Als meine Oma 2003 starb, gab ich ihr auch ein Foto von mir mit auf den Weg, damit sie mich wiedererkennt, wenn wir uns wiedersehen.

Jetzt aber endlich zu den Kochkünsten meiner Oma. Bei Oma Erna schmeckte einfach alles, und alles schmeckte einfach bei ihr am besten. Sie kannte aber auch jeden Trick:

»Kein Grünkohl vor dem ersten Frost«; »Ein bisschen Natron zum Gemüse, damit es nicht bitter wird«; »Erstmal Speck auslassen, dann schmeckt der Wirsing noch mal so gut«; »Und bei den Reibekuchen am Ende noch mal Küchenkrepp durch die Handmühle drehen, dann geht wirklich nichts verloren«, um hier nur einige zu nennen. In ihren Vanillepudding mit Erdbeeren wurde etwas Eischnee untergehoben. Das machte ihn noch fluffiger. Und in ihrem Kartoffelsalat waren frische Zwiebeln. Das machte ihr keiner nach. Überhaupt, die Leidenschaft für Zwiebeln teilten wir. So konnte man es ihr auch verzeihen, dass sie, während man das zarte Fleisch der Schweinehaxe mit Sauce aß, verträumt auf dem leicht behaarten Rest herumkaute, der wohl früher mal die Speckhaut dieses Beinchens gewesen war.

Alle Speisen hatten bei uns beiden Namen. Duplo war »Hotta«, Wirsing hieß »heller Spinat«, wegen der satten Farbe, und die Graupensuppe hieß »Kleine-Brötchen-Suppe«, weil Graupen nun einmal aussehen wie kleine Brötchen. Alles konnte sie kochen. Nur Fondue fand sie bekloppt, und es dauerte ihr zu lang. Ach ja, und Pizza, fand sie, war neumodisches Zeug. Das Käsegeschnodder obendrauf? Widerlich!

Wenn wir bei ihr übernachteten, gab es abends leckere »Kalte Platte« mit kleinen Ferkeleien und Butterbrote mit Rauchfleisch und Remoulade. Außerdem durften wir ihre Nachthemden anziehen, mein Bruder auch. Waren ihre Perücken aufgetragen, so schenkte sie sie uns Enkeln für Karneval. Einmal traf ich meinen Cousin in einer Kneipe beim Feiern. Er guckte mich an und grinste: »Na? Die Oma Erna geht wohl heute eher nicht raus, wo du schon ihr Haar trägst.«

Bevor ich mich bei meiner Oma Erna zu Mittag an den Tisch setzte, durfte ich immer ihr kleines, rotes, rundes Nähkästchen mit dem Blumendeckel aufräumen und sortieren.

»Liebe Oma Erna, wenn Dir oben auf der Wolke jemand etwas von diesem Buch berichtet, kann er Dir erzählen, dass genau dieses Nähkästchen in besagtem Jahr 2003 von Tante Karin zu mir gebracht wurde, und da ist es auch heute noch, in meinem Wohnzimmer. Und immer wieder, vor allem, bevor ich Kartoffelsalat esse, mache ich es auf und sortiere um. Danke, liebe Oma Erna, für alles!«

Schieberschaberlöffelding und ein Wiedersehen mit Fipsi

Erinnern Sie sich noch an die Kramschublade, aus der ich als Kind die Schere geholt habe, um die Teppichfransen abzuschneiden? So eine Schublade hat doch wirklich jeder Haushalt, oder? Ehrlich gesagt, habe ich davon ganz viele. Das sind doch die Schubladen, in die alles reingepfeffert wird, bei dem man gerade mal nicht weiß, wohin damit. Das geht über Haushaltsgummis und Pflaster, Taschentücher und Kronkorken bis hin zu Taschenlampen, Heftzwecken und Büroklammern. Sehr beliebt sind auch Kabel von Geräten, die man schon längst weggeschmissen hat. Oder Bedienungsanleitungen von Geräten, die man schon längst weggeschmissen hat. Oder Geräte, von denen man dachte, dass man sie schon längst weggeschmissen hatte, wo aber weder die Kabel noch die Bedienungsanleitungen zu passen.

Falls es bei Ihnen mal regnet, Fernsehen und Internet ausgefallen sind, empfehle ich Schubladenraten. Man holt Dinge aus der Kramschublade und muss raten, um was es sich handelt und wofür man das eigentlich mal gebrauchen wollte. Ich habe neulich ein graues Plastikstiftlöffelding in die Schublade geschmissen. Der war beim Milchaufschäumer dabei und damit kann man den Milchschaum unter die Restmilch im Behälter heben, und jetzt kommt's: Man kann mit dem Schieberschaberlöffelding den Milchschaum perfekt aus dem Behälter ziehen. Oder man nimmt einen Metalllöffel, der die Beschichtung zerkratzt. So wie ich. Das Tolle: In drei Wochen habe ich vergessen, wofür das Ding da ist, und in drei Jahren werden wir einen ganzen Abend lang rumraten, was das für ein komisches Küchenartefakt ist. Manchmal hilft das Vergessen auch, wenn Kinder aus Versehen etwas in der Kramschublade im Schlafzimmer finden. »Keine Ahnung, was das ist. Es sieht aus wie ein Delfin ...«

Oft geraten diese ganzen Dinge auch in Vergessenheit, weil man die Schublade mal wieder sehr lange nicht öffnen kann, weil irgendwas wegen Überfüllung klemmt. Und wenn man sie dann doch aufkriegt, hat man ein bisschen Angst.

»Was mag da drin sein? Unbezahlte Rechnungen? Alte Liebesbriefe? Und was ist das? Ich wusste gar nicht, dass ich ein gelbes Stofftier da reingelegt ... Mensch, Fipsi, alter Kanarienvogel. Lange nicht gesehen!«

Ein bisschen ist so eine Kramschublade auch wie eine Frauenhandtasche. Naja, deren Inhalt jetzt hier aufzulisten würde den Rahmen sprengen.

Apropos Rahmen sprengen, kommen wir zu unserem nächsten Kapitel. Was für eine geniale Überleitung! Wobei im Folgenden besagte Rahmen nur im übertragenen Sinne gesprengt werden. De facto handelt es sich eher um heißgeliebte T-Shirts, teure Kleider der Marke »Das gönn ich mir jetzt mal«, olle Knöpfe und Reißverschlüsse und natürlich die Explosion des ältesten Feindes aller Überflussmenschen: der Hosenbund. Es geht um Diäten! Deswegen habe ich auch den Titel gewählt!

Diäten: 1. Versuch

Bevor wir uns diesem Kapitel widmen, noch ein anderer Gedanke. Denn während ich hier sitze und schreibe, und zwar jetzt, quasi live, habe ich das Gefühl, dass wir uns in diesem Augenblick begegnen und zwar ganz genau und justamente in diesem einen, vielleicht nie wiederkehrenden Moment. Ich hab das zwar vor Monaten aufgeschrieben, aber jetzt bin ich da. Vor Ihren Augen und in Ihrem Kopf. Schön isses da. Aufgeräumter als in meinem auf jeden Fall und keine Sorge: Ich fass nix an. Aber der Gedanke einer Art Unterhaltung zwischen uns beiden fasziniert mich. Machen Sie gerne mit!

Ich könnte zum Beispiel sagen: »Guten Tag! Ich bin's, wie geht es denn? Hier bei mir zu Hause regnet es gerade, bzw. draußen vor der Tür.« Und Sie dann so: »Ach!«

Irrsinn, oder? Und schon unterhalten wir uns! Denn Sie werden ja sicher noch irgendwas denken gerade. So was wie: »Aha. Interessant!« Oder: »Die Boes muss dringend mal ihre Medikamente checken!«

Okay, was Sie genau sagen, weiß ich nicht, und deswegen ist es auch keine richtige Unterhaltung, denn da würden ja beide reden. Wobei: Aus Frauensicht ist es nicht unbedingt nötig, dass beide sprechen, aber, hey, wir könnten es versuchen.

Also: »Hey, was macht das Leben?« Jetzt könnten Sie ganz laut so etwas antworten wie: »Ach, eigentlich ist das Leben doch toll.« Das können Sie sich aber im Zweifelsfall auch selber aussuchen. Dann ich wieder: »Cool. Was haben Sie denn heute schon gegessen?« Dazu müssen Sie natürlich dringend wissen, dass es gerade Donnerstagmorgen, 10:05 Uhr ist, und dann könnten Sie sagen: »Ein Müsli mit Früchten, und dazu hatte ich einen Kaffee.« Aber auch das ist natürlich Ihnen überlassen. Merken Sie das? Wir unterhalten uns gerade. Toll, oder?!

Worauf wollte ich eigentlich hinaus? Achtung, das war keine Frage an Sie! Sie können natürlich trotzdem laut antworten, was allerdings schwierig werden könnte, da Sie ja gar nicht wissen, worauf ich denn eigentlich hinauswollte.

Vielleicht könnte Sie jemand beim Lesen filmen?! Und mir das Filmchen dann zukommen lassen? Dann könnte ich in echt Ihre Antworten hören. Also: Worauf wollte ich hinaus? Richtig. Diäten. Ich versuch es also noch mal.

Diäten: 2. Versuch!

Mir fällt gerade auf: Das Thema ist so groß, das verdient eine bessere Überschrift.

Diäten: 3. Versuch! – Zahnpelzige Fleischfresserzombies gegen puddingkackende Gurkendiebe

SO! VIEL besser.

Da dieses Buch von LebensmittelAUFnahmen im Allgemeinen und unfreiwilligen LebensmittelABgaben im Speziellen handelt, ist es wirklich mal an der Zeit zu überlegen, wo ich mich essenstechnisch gerade befinde.

Ich durchlaufe nämlich immerzu Phasen. Es sind meist fiese Phasen. Tolle, fiese Phasen, in denen ich alles in mich hinein verfrachte, was mir in die Quere kommt, keinen Sport treibe und Fünf durchgängig gerade sein lasse. Oder aber die andere tolle, fiese Phase, in der ich mich fit wie ein Turnschuh fühle, viel Sport treibe und sehr wenig esse. Dazwischen gibt es nur die Durchgangsphasen, in denen ich mich auf den Weg mache, entweder von der Unmäßigkeitsphase zur Disziplinphase oder umgekehrt. Die Übergangsphase ist im Prinzip die einzige Phase, in der ich nichts übertreibe. Ansonsten kann ich irgendwie nur extrem.

Unnötig an dieser Stelle zu erwähnen, dass ich wirklich zu den größten Figur-Jo-Jos der westlichen Hemisphäre gehöre. Die größte Gewichtsschwankung in den letzten achtzehn Jahren liegt bei vierundzwanzig Kilogramm. Zum Vergleich:

Vierundzwanzig Kilo wiegt ein gut gebauter Karelischer Bärenhund. Brauchen Sie nicht zu googeln. Es ging einfach um den lustigen Namen. Vierundzwanzig Kilo sind umgerechnet eintausendzweihundert männliche Hoden. Oder mal ganz anders gerechnet: Vierundzwanzig Kilo sind knapp 1,9 Millionen Euro wert, also falls Sie mal am Strand ein vierundzwanzig Kilo schweres Stück Ambra-Walkotze finden sollten. Oder auf meinen Körper bezogen: Vierundzwanzig Kilo wiegt mein Bein, wenn ich extrem zugenommen habe. Wenn ich also vierundzwanzig Kilo abnehme, fehlt mir umgerechnet ein Bein, aber das Laufen fällt mir trotzdem leichter. Nehme ich vierundzwanzig Kilo zu, habe ich ein drittes Bein und komm trotzdem viel schwerer die Treppen hoch. Verrückt. Kurz: Vierundzwanzig Kilo sind echt viel.

Jetzt wollen Sie bestimmt wissen, wie man vierundzwanzig Kilo zu- oder abnehmen kann (ohne sich ein Bein auszureißen. Haha! Brüller!). Hier kommt die Antwort:

Im Moment arbeite ich mich langsam vom Winterspeck zum Frühlingsblümchen runter – was ausnahmsweise auch mal zum Jahreszeitenwechsel passt, denn nichts ist unnötiger als eine Bikinifigur im Winter. Und die Blümchenhungerei zeigt bereits Wirkung: Manchmal fühle ich mich schon wie eine Tulpe – was toll ist, wenn man bedenkt, dass ich als veritable Tanne gestartet bin! Die Hosen passen an den Beinen 1A, aber oben wabert es drüber.

Mit ES ist natürlich mein Bauch gemeint, den ich in dieser Zeit aber so verabscheue, dass ich ihn weder aus- noch anspreche. Der ist quasi der Lord Voldemort meiner Körpermitte. Der Unaussprechliche! Der, dessen Namen man nicht sagen darf. Manchmal ist mein Bauch aber auch einfach ein Arsch.

Meine Beine dagegen bleiben echt immer ganz passabel, bedeutet aber auch, dass ich irgendwann einmal aussehe wie eine Kartoffel auf Zahnstochern, wenn ich nicht aufpasse.

Falls Ihnen das Bild nicht sofort klar vor Augen erscheint: Kennen Sie diese alten Damen im Badeanzug? Wenn man bei denen die Beine abmachen würde, was man natürlich nicht darf, dann würden sie aussehen wie putzige Barbapapas. Aber, was soll's! Wenn ich im Barbapapa-Alter angekommen bin, werde ich mich auch damit arrangieren. So dreißig bis vierzig Jahre gebe ich mir bis dahin noch. Oder? Hier dürfen Sie gerne was antworten. Aber bitte nur Positives.

Leider gehöre ich auch nicht zu den Menschen, die bei Stress oder Kummer automatisch abnehmen. Ich hatte mal eine Freundin, die bei Kummer immer ganz dünn wurde. Die hat sich quasi in Tränen aufgelöst. Daher wohl auch das geflügelte Wort. Ihr bescheuerter Freund hat das auch mitgekriegt und immer, wenn sie seiner Meinung nach zu viel auf den Rippen hatte, hat der kurzfristig Schluss gemacht. Dann nahm sie ab, und wenn sie wieder in shape war, stand er wie ein Märchenprinz vor der Tür. Aber von wegen Prinz! Der Typ war ein Spacko! Und meine Freundin war leider eine Spackine, denn sie hat es total lange nicht kapiert. Irgendwann dann allerdings doch. Und dann hat sie den Fluch besiegt! Durch einen Zaubertrank aus der Apotheke oder ein Mittelchen vom Bahnhof? Wurde ein Drache erstochen oder kam eine magische Fee vorbei? Nö. Sie hat einfach die Tür zugelassen, einen neuen Typen kennengelernt und bis heute ihren Knackarsch behalten. Und wenn der Märchenprinz nicht gestorben ist, dann steht er vor irgendeiner anderen Tür und wird da hoffentlich von einem Amazon-Paket erschlagen. Und die Moral von der Geschicht? Meine Freundin nimmt bei Stress ab. Ich nicht.

Ich muss dafür arbeiten. Was schon mal doof ist. Denn jeder vernunftbegabte Mensch weiß ja eigentlich: Eine gute Figur bekommt man im Optimalfall von guter, ausgewogener Ernährung und Sport. Aber leider bin ich nur in Maßen vernunftbegabt.

Und bitte, verstehen Sie mich nicht falsch! Ich mag propere Menschen. Nur bei mir selber mag ich es nicht. Aus irgendeinem Grund strebt man dann ja doch irgendwie immer wieder zur Sporty Spice oder in meinem Fall Mirja Spice.

Früher, so bis Mitte zwanzig ... Ich mein ... BIS VOR KURZEM ... war das ganze Zu- und Abnehmen gar kein Thema. Da war ich noch eine Verbrennungsmaschine und schlank.

Das Zauberwort ist Zeit! Jahre! Vierundzwanzig Kilo gehen natürlich nicht von jetzt auf gleich. Meine niedrigste Gewichtsstufe im ausgewachsenen Zustand war also vor circa achtzehn Jahren.

Das fand dann aber auch nur ich schön. Ich hatte gerade eine Langlaufmaschine erstanden und bin irgendwie in den Ess-Sport-Strudel geraten. Heißt, nach jedem Salatblatt bin ich erst mal fünfzehn Kilometer Skilanglauf gelaufen – Sie wissen, was ich meine.

Ich fand das toll, alle anderen fanden mich mager. Mit den Jahren kamen dann immer ein paar Kilo wieder drauf und ein paar weniger wieder runter. Man muss kein mathematisches Genie sein, um zu erkennen, was hier passiert: Acht Kilo rauf und sechs Kilo runter in zwei Jahren macht in achtzehn Jahren plus achtzehn Kilo. Aha, noch mal: Zehn Kilo rauf und sieben wieder runter in drei Jahren macht nach achtzehn Jahren plus achtzehn Kilo. Aha, wahrscheinlich war es so. Ich rechne noch mal: Vierundzwanzig Kilo in achtzehn Jahren ... Ich habe wohl jedes Jahr 1,3333 Kilo beim Auf und Ab dazubekommen und landete so nach achtzehn Jahren bei satten vierundzwanzig Kilo mehr. Und mager plus vierundzwanzig Kilo ist pummelig – das weiß ich genau. Seit der zwei Gebärvorgänge schwanke ich nur noch um zehn Kilo, das geht an sich. Bin ich unten, ist es sportlich – bin ich oben, ist es speckig.

Heute muss die Verbrennungsmaschine mal dringend zum TÜV, und ich ahne die Gründe und die Parallelen. Meine Mutter hat früher sehr viel geraucht, und als sie von heute auf morgen beschlossen hat, dass das doch totaler Firlefanz ist, zack: ordentlich zugenommen! Das fand sie doof. Und sie startete Attacken. Sehr beliebt war in den Achtzigern die Brigitte-Diät. Oder aber auch die Diät der Goldenen Ananas. Da wurde, wie der Name schon sagt, sehr viel Obst, insbesondere Ananas gegessen. Mein Vater, der immer die Statur hatte, bei so einem Projekt durchaus einzusteigen, behauptete am ersten Tag mittags schon, dass sein Gaumensegel in Fetzen hänge durch den starken Ananaskonsum und tauschte gegen Erdbeeren. Abends hat er sich dann ein saftiges Steak in die Pfanne gehauen. Bei der Körnerdiät meiner Mutter verlangte er am zweiten Tag zum Frühstück einen dicken Ast. Da würde er sich gerne daraufsetzen und ein bisschen Pfeifen wie ein kleines Rotkehlchen. Abends gab es dann Pasta – für ihn natürlich. So zog meine Mutter brav allein durch diese Phasen. Richtig weg ging der Raucherspeck nicht mehr, und auch sie ist heute ein kleiner Barbapapa. Mir gefällt sie genau wie sie ist. Außerdem hat sie wahnsinnig wenig Falten – auch wegen mangelnder Verhärmung – und ich bilde mir ein, genau das von ihr geerbt zu haben, neben der guten Laune.

Geraucht hab ich nie, aber trotzdem kommt mir die ganze Sache plötzlich sehr bekannt vor. Denn natürlich haben ihre vielen, vielen Diätversuche auf mich abgefärbt! Beziehungsweise das Essverhalten zwischen den Diäten. Ich gebe Ihnen gerne einen winzigen Einblick in meine aktuelle Sammlung zeitgenössischer Diätliteratur, wie sie bei mir im Bücherregal steht. Sortiert von A wie *Ach, das klingt ja lecker* bis Z wie *Zeitintervall-Blutgruppen-Schrothkur-Apfelessig-GLYX-HCG-HDGL-LMAA-Diät für Mondphasen-Veganer*. Letzteres hab ich mir natürlich ausgedacht. Da geht es nämlich gar nicht um Mondphasen. Was es aber tatsächlich gibt, ist dies:

Vor mir liegt die *Leichte Küche* vom Frauentreff-KFD Süchteln, *Hackfleischhits* von Weight Watchers, *Antiaging Food* von Birgit Frohn, *Der Glückskompass* von GU, *Die Lowcarb-Küche* von Weight Watchers, das *Deine-Küche*-Magazin *Bewusst genießen*, *Leicht & schnell* von Zabert / Sandmann und die *Fett-*

arme Küche von Gabi Schierz und Gabi Vallenthin! Und das waren nur drei schnelle Griffe ins Regal. Ich bin mir sicher, dieses Haus fördert noch etliche solcher Werke zutage. Und? Haben diese ganzen Bücher irgendwas gebracht? Nein! Vielleicht sollte ich sie zusammenbinden und als Hantel benutzen, oder ich kauf mir ein Trimmdichrad und lese alle Bücher laut vor – vielleicht nehme ich ja dann ab.

Aber der Reihe nach. *Leichte Küche* ist bei einem Frauentreff natürlich relativ. Gerade in einem Dorf, das verdächtig nach Sehnsüchteln klingt. Wie will man in Süchteln der leichten Küche frönen, wenn der niederrheinische Wind lecker Frikandelduft von der nahen holländischen Grenze rüberweht? Also: Haken dran.

Da klingt *Hackfleischhits* von Weight Watchers schon ehrlicher. Da merkt man gleich: Da ist Musik in der Diät. »Meine Damen und Herren, liebe Dickies. Hier sind die Wildecker Wurstbuben mit den Hackfleischhits und am Mikro für euch: euer Adi Positas!« Gut, der Titel ist dann vielleicht doch ein bisschen arg euphorisch. Ob es wohl weitere Bücher mit solch treffenden Titeln gibt? Was ist mit *Superhits und Saucensongs* oder *Mümmelmanns gesunde Mampfmusik*? Das wäre doch sicher ein Bestseller geworden. Aber bevor es hier zu albern wird, die Watchers meinen es ja nur gut. Immerhin versuchen die etwas so scheinbar unglaublich Kompliziertes wie Ernährung auf ein einfaches Punkte-System herunterzubrechen. Einzige Regel: Alles ist erlaubt, aber halt in Maßen. Krass, dass man mit so einer simplen Botschaft so viele Bücher füllen kann.

Alle anderen Bücher und Philosophien sind da viel komplizierter. Lowcarb zum Beispiel. Dabei soll man auf Kohlenhydrate weitestgehend verzichten. Da stellt sich natürlich gleich eine Frage: warum zur Hölle? Klar, Kohlenhydrate sind Zucker, und Zucker ist doof. Deswegen erscheint es mir auch sinnvoll, in einer sogenannten Diät auf Zucker zu verzichten – wenn es zum Beispiel um den Konsum von Marmelade und Schokohasen geht. Zumal im Schokohasen ja auch noch Fett enthalten ist. Aber der Teufel ist nicht nur ein Eichhörnchen, der Teufel ist auch ein riesengroßer Zuckerstreuer, denn Zucker ist überall. In Säften, in Ketchup, in Obst, in Milch, in Alkohol, in Brot. Zucker ist überall. Es gibt: Halbweißzucker, raffinierten Zucker, raffinierten Weißzucker oder Raffinade, Flüssigzucker, Invertflüssigzucker, Invertzuckersirup, Glukosesirup, getrockneten Glukosesirup, Traubenzucker, Glukose, Dextrose, kristallwasserhaltigen Traubenzucker, kristallwasserfreie Fruktose, Laktose, Saccharose, Dextrose, Raffinose, Karamellsirup, Maltose oder Malzextrakt, Maltodextrin, Dextrin oder Weizendextrin, Süßmolkenpulver, Gerstenmalz / Gerstenmalzextrakt – sorry, wenn manche Begriffe doppelt sind. Ich habe gerade einen Zuckerschock – Blutzucker, Zuckerzucker –, allein vom Lesen kriegt man Karies. Zucker wird heimlich von Lebensmittelchemikern überall reingepfuscht, wo er eigentlich nix zu suchen hat, damit er unser Belohnungssystem im Kopf animiert, nach noch mehr schönen Gefühlen zu verlangen. Kleines Quiz? In welchen der folgenden Lebensmittel aus dem Glas ist Zucker? Weißkrautsalat, Gewürzgurken oder Rotkohl? Richtig! In allen!

Gut, dass es »zuckerarme«, »weniger süße« Produkte gibt, oder? Mööööhp! Laut Gesetz bedeutet »zuckerarm«, dass in festen Lebensmitteln bis zu fünf Gramm Zucker je hundert Gramm enthalten sein dürfen. Und auch wenn da steht: »zuckerfrei«, sind maximal 0,5 Gramm Zucker je hundert Gramm oder je hundert Milliliter gesetzlich okay. Genehmigen Sie sich zum Beispiel einen Liter »zuckerfreie« Limo, sagt Ihr Körper Hallo zu bis zu fünf Gramm Zucker. Rülps! Spannend sind auch Bezeichnungen wie »zuckerreduziert« und »30 Prozent weniger Zucker«. Das bezieht sich dann nämlich auf Lebensmittel gleicher Art. Im Zweifel orientiert man sich da also an einer Zuckerbombe oder ersetzt den Zucker durch andere Dickmacher. »Weniger süß« bedeutet dagegen: nix. Denn es steht ja kein Vergleich daneben. Ist der Joghurt »weniger süß« als Flüssigseife, als Nutella oder als ein Hundewelpe? Man weiß es nicht. »Ohne Zusatz von Süßungsmitteln« meint: Die Lebensmittelmacher haben immerhin keinen fremden Zucker hinzugefügt. Genauso gut könnte aber auch auf der Verpackung stehen: »Ohne Zusatz von Legosteinen! Frei von Lava! Und komplett ohne Popel!« Aber nur, wenn's stimmt!

Kurz: Zucker aus dem Weg zu gehen ist schwer. Deswegen gibt es »Low Carb«. Da ist immerhin ein bisschen Zucker erlaubt, weil er eh fast unausweichlich ist – was übrigens in geringen Mengen auch okay sein soll.

Die Hardcore-Variante von »Low Carb« ist »No Carb«. Wenn Low Carb die Mutter aller Ich-ess-wenig-Zucker-Diäten ist, dann ist Atkins die fiese Schwiegermutter! Das Konzept ist faszinierend: Alles ist erlaubt AUSSER ZUCKER! In der Realität heißt das, dass ich Fleisch und Fett essen darf, so viel ich will. Auch Eier sind erlaubt und bestimmte Gemüse und sogar etwas Salat. Denn, so die Theorie: Wenn dem Körper von außen kein Zucker zugeführt wird, beginnt der Stoffwechsel irgendwann, das gespeicherte Fett zu verbrennen, um daraus selber Zucker herzustellen. Ketose heißt der Spaß.

Man selber träumt von Eisbechern und Schokolade, während der Stoffwechsel sich ein schmackhaftes Zuckersüppchen aus Fett heißmacht. Ein Kollege von mir hat das ausprobiert, und der Erfolg war wirklich messbar. Auf der Waage und durch den Pelz auf den Zähnen. Er hat sich am Anfang der Diät natürlich wie ein Vampir im Nonnenkloster gefühlt. Juhu! Überall Fleisch! Sein Einkaufswagen sah regelmäßig aus, als hätte einer eine Handgranate in den Zoo geworfen. Überall Tierteile. Exotisch! Heimisch! Egal!

Auch Eier und Käse sind bei Atkins erlaubt. Kurzer Blick auf die Inhaltsstoffe: Bacon hat keinen Zucker? Dann rein damit in die Pfanne. Das Ganze dann mit 0-Gramm-Zucker-Käse überbacken. Noch ein paar Eier dazu. Fertig ist das Frühstück. Um die Ketose zu überwachen, soll man zusätzlich noch auf ein Stäbchen pinkeln. Dadurch wird der Zuckerspiegel getestet. Ist das Stäbchen (in seinem Fall) dunkellila, dann läuft die Ketose hervorragend oder man ist tot. Denn es ist wohl wenig verwunderlich, dass der Fleischjieper relativ schnell vorbei ist. Bratwürste zum Frühstück sind die ersten zehn Tage sicher super, aber irgendwann schlägt der Fleischkonsum aufs Gemüt. Meinem Kollegen half es auch wenig, dass er nicht nur Rinder und Schweine im Dutzend dezimierte, sondern auch Hühner und allerlei Fische ausrottete. Irgendwann kam das Gewissen: Ist das eigentlich richtig, dass ich nur noch Tierleichen verspeise? Ein paar Tage hielt er sich noch mit dem Gedanken über Wasser, dass es ja alles bio sei, was er da in der Pfanne hatte. Aber schließlich kroch ihm nicht nur das schlechte Gewissen den Nacken hoch. Da war auch dieser erwähnte Pelz, der sich immer stärker auf seinen Zähnen ausbreitete. Vielleicht lag das auch daran, dass Obst in jeglicher Form verboten ist. Vitamine sind also Mangelware. Stattdessen wird im Frühwerk von Atkins empfohlen, den Bedarf mit Brausetabletten zu decken. Lustigerweise gibt es die im Online-Shop zu kaufen. Was auch empfohlen wird: Light-Getränke und Süßstoffe. Gerne literweise. Noch mal fünf Tage und mehrere Rinderherden, Schweinerudel und Fischschwärme später war er kurz davor, sich in einen Fleischfresserzombie zu verwandeln. Und übrigens auch so zu riechen. Die Ketose sorgt nämlich für mächtig Mundgeruch, den man zwar mit Kaugummis überdecken kann – dann aber mit den zuckerfreien. Ist klar. Und als mein Kollege dann irgendwann nicht mehr unterscheiden konnte, ob der Hackbratenduft aus der Frühstückspfanne kam oder von den Schweißtellern unter seinen Achseln, war Atkins beendet.

Ein ebenso olfaktorisches Abenteuer ist die Kohlsuppendiät, bei der man – wie der Name schon sagt – nichts weiter zu sich nimmt als Kohlsuppe. Die dann aber literweise. Was zu einem ständigen Sättigungsgefühl durch warme Flüssigkeit und zu einem drängenden Platzangstgefühl durch warme Bauchwinde führt. Wer will, kann diese Methode auch abändern und statt Kohlsuppe auf klare Brühe umsteigen. Dazu wird ein Eiweißpulver aus der Apotheke gereicht, damit der Körper nicht komplett schlappmacht. Die Folge: Man riecht immer wie eine Flasche Maggi, und man hat Muskelkater, auch wenn man keinen Sport macht. Besagter Kollege hat auch das mal ausprobiert. Der Muskelkater war in Wirklichkeit eine Art Giftstoff, der sich in den Muskeln abgelagert hatte. Der ging aber mit ein bisschen Vitamin C wieder weg. Was nicht wegging, war der Durchfall. Da man ausschließlich Flüssigkeit und Eiweißpulver zuführt, sieht der Stuhlgang entsprechend aus. Oder kurz: Seitdem isst der Kollege keinen Vanillepudding mehr.

Was wohl auch super funktionieren soll, ist Intervallfasten. 16/8 oder für Profis: 22/2 sind da Zauberformeln für Kenner. Das bedeutet, dass man zum Beispiel 16 Stunden lang nichts isst und dann 8 Stunden lang normal. Hat den Vorteil, dass die Leber auch mal entspannen und der Körper verbrennen kann.

Noch besser ist es angeblich, wenn man Diäten als eine Art Wechselwirtschaft betreibt. Denn bei fast allen Diäten ist es so, dass entweder der Geist schlappmacht oder der Körper sich auf die Mangelernährung einstellt. Erst verbrennt der Organismus Fett, dann passt er sich an. Bei sportlichen Menschen baut der Penner angeblich sogar zuerst Muskeln ab, weil er sagt: »Pfff. Wer braucht schon einen Mega-Bizeps? Anscheinend geht die Welt unter, und wir kriegen nix mehr zu essen. Da verzichten wir doch mal auf die Muskeln. Die verbrauchen viel zu viel Energie. Und wenn dann keine Muskeln mehr da sind, dann kümmern wir uns um die Fettreserven. Aber das auch erst an den Beinen und Armen und sonst wo! Den fiesen Speck an der Wampe und den Rettungsring an der Hüfte! Den machen wir ganz zuletzt. Das ist unsere eiserne Reserve!« Unfassbar, oder? Da duscht man diesen Körper, füttert ihn, verwöhnt ihn mit Sonne, Urlaub und allerlei Köstlichkeiten. Man schützt ihn mit einem Gurt im Auto und mit einem Helm beim Fahrradfahren. Man lässt Schläuche in sich reinschieben, und man lässt sich abtasten für die Vorsorge. Man tut alles für diesen Körper! Und DAS ist der Dank?! Am liebsten würde ich meinen Körper manchmal bei Ebay reinstellen. Soll sich jemand anders damit rumschlagen.

Aber im Ernst. Es klingt ja auch ein bisschen nachvollziehbar. Irgendwann hat sich der Körper an die spezielle Diät oder das Mehr an Sport gewöhnt und alles pendelt sich wieder ein. Nun muss ein neuer Reiz von außen kommen. Deswegen die Wechselwirtschaft. Man startet mit Atkins, macht dann ein bisschen Kohlsuppe, gefolgt von einem Ausflug nach Süchteln, um anschließend mit den Jungs von Weight Watchers ein paar Hackfleischhits zu hören. Aber 22/2 – selbstverständlich. Ich habe diese Wechselwirtschaft ausprobiert, und es hat null funktioniert. Vielleicht lag es aber auch daran, dass ich alles an einem Tag gemacht habe.

Mein Problem ist, dass ich so intrinsisch funktioniere. Bedeutet, einfacher ausgedrückt, dass ich immer noch oder vielleicht auch gerade wieder in meiner Pubertät bin, und da mache ich nur das, was ich wirklich will. Wenn mir also ein Diätbuch sagt, was ich nicht machen sollte, so mache ich das erst recht. Wenn mir jemand einreden will, dass Fenchel nicht gut für mich ist, dann fange ich erst recht an, ihn zu essen, obwohl ich ihn in der Tat vorher ekelhaft fand. Ich kann es eben nur auf meine Weise, ganz oder gar nicht oder aber eben nur ein bisschen. Eine meiner bescheuertsten Diäten war einmal die Fünf-zu-zwei-Phase. Kennen Sie die? Da darf man an fünf Tagen an sich alles essen, aber zwei Tage fastet man und darf höchstens fünfhundert Kalorien zu sich nehmen. Das ist viel zu wenig! Ich habe mir die fünfhundert Kalorien dann zurechtgezaubert und mich dabei ertappt, dass ich angefangen habe, meine Kinder anzuschreien, als sie auch nur ein kleines Stückchen meiner Gurke habe wollten. Nach dem Großen habe ich sogar mit einem Löffel gehauen. Nix für mich!

Jetzt mache ich es eben wieder auf meine Weise, und momentan arbeite ich mich langsam hin zur Mirja Sporty Spice. Wer weiß, wie lange ich noch an diesem Buch schreibe. Vielleicht sind am Ende drei Kilo runter. Das Schöne ist: Bis das Buch dann erscheint, erstrahle ich garantiert wieder in properem Glanz. Und wissen Sie was? Ist doch egal! Wen stört's? Immer nur Verzicht macht wütend. Also, bleiben Sie, wie Sie sind. Wahre Schönheit kommt von innen. Sie muss halt nur irgendwie da reinkommen. Und womit geht das am besten? Richtig! Mit lecker Essen!

Meine Top Ten Lieblingsgerichte – And the dinner is …!

Bin ich denn des Wahnsinns **fette Beute**? Das ist hier extra fett geschrieben, damit Sie als Leser merken, wie entsetzt ich tatsächlich bin. Ich schreibe ein Buch übers Essen, Mampfen, Reinspachteln, Schlemmen, Sicheinverleiben, Futtern, Tafeln, Speisen, Schmausen und was es da sonst noch so gibt und habe noch gar nicht erzählt, was ich am allerallerliebsten esse.

Daher folgen hier für Sie die »Top Ten« meiner Lieblingsessen beziehungsweise -lebensmittel.

Auf Platz 10, was ja immer noch ein sehr guter Platz ist, wenn man bedenkt, wie viele Plätze es noch auf der ganzen Welt, im ganzen Spektrum der Lebensmittel dieses Planeten, überhaupt geben kann. Da ist 10 an sich ganz weit vorne. Genug gelabert!

Auf Platz 10: Surimi-Sticks mit Aioli

So, jetzt spüre ich schon die ersten Fragezeichen in meinem Nacken brennen. Surimi-Sticks sind kleine, weiche Riegel. Innen weiß und außen orange, und sie bestehen aus zermahlenem Krebsfleischimitat – also, wenn man Glück hat. Mitunter ist es auch nur der Schaum, der sich bildet, wenn man Fischreste auskocht, das Eiweiß irgendwie zusammenklebt und presst und dann lustig orange anmalt wie eine Fischmöhre. Das hört sich im ersten Moment gar nicht mal so lecker an, ist es aber! Für mich ist das einer meiner Lieblingssnacks für den schnellen Hunger zwischendurch. Einfach aus der Verpackung pellen und schön in die Aioli tippen, und fertig ist der Happen. Tipp von 'ner Verbraucherin: »Hände waschen und Zähne putzen nach diesem Genuss kann Irritationen vermeiden!« Und das Tolle, auch wenn man sich wäscht und putzt, allein durch den Knoblauch im Aioli hat man mit diesem Snack noch lange Spaß.

Platz 9 meiner Lieblingsessen wird besetzt von »rohem Kuchenteig«.

Der hätte es sicher auch höher geschafft, soll aber ja ungesund sein wegen des Backpulvers und der rohen Eier. So zumindest wurde es einem früher immer eingetrichtert. Ach, und vielleicht wegen dem Pfund Butter und dem Kilo Zucker, die da drin sind. Trotzdem habe ich mir als Kind natürlich heimlich immer beim Backen etwas reingespachtelt.

Kennen Sie auch dieses Phänomen, dass man sich Teig oder andere Leckereien löffelweise in den Mund schaufelt, alles gierig vertilgt, nur um dann anschließend mit dem Löffel stundenlang nachzukratzen? Eben hatte man noch dreihundert Gramm Kuchenteig im Mund, jetzt scheuert man sich wund, um aus der Rührschüssel noch zwei Mikrogramm herauszukratzen. Das ist doch absurd! Da sollte mal einer ein Buch drüber schreiben! Oder die Verrenkungen, die man macht, um schon getrockneten Restteig todesmutig vom Knethaken zu zuzeln! Wer die Knethakentechnik beherrscht, braucht vor Zungenküssen keine Angst mehr zu haben. Hilft am Haken aber auch nur, wenn Omas altes Rührgerät nicht aus Versehen angehen sollte! Dann dürfte die Zunge ziemlich lang werden. Vielleicht ist roher Kuchenteig auch deswegen so verlockend. Rohe Eier sind fies, die Maschine ist gefährlich, die Mutter verjagt einen mit erhobener Augenbraue – das MUSS doch lecker sein!

Und heute, da ich Kinder habe, mache ich es wieder heimlich, da ich ja nun die Mutti bin und meinen Kindern dasselbe Mantra vorbete. »Keinen rohen Teig essen! Davon kriegt man schlimme Bauchschmerzen.« Aber lecker ist es! Und hier eine kleine Kritik an die neuen Produktentwickler: Nein, die rohen Teigdinger zum Löffeln, die Half-Baked-Dinger sind zwar lecker, schmecken aber einfach immer noch nicht so geil, wie der echte angerührte Kuchen- oder Keksteig. Das sagen auch meine Söhne. Woher sie das wissen? Das frage ich mich allerdings auch, denn offiziell sollten sie gar nicht wissen, wie echter roher Teig wirklich schmeckt. Na ja, wir leben noch.

Auf Platz 8 meiner Liste folgen »Spaghetti Scampi«.

Die müssen allerdings bei meinem Lieblingsitaliener »Massimo« gekocht worden sein. Da sind die Spaghetti schön al dente, die Scampi schmeißen fast von allein ihren Panzer ab, und die Sauce ist leicht mit etwas Weißwein, Kräutern, Knoblauch und ohne Sahne. Richtig lecker ist das! Außerdem befindet sich mein Lieblings-»Massimo« in einer alten Dönerbude. Man sitzt an hohen Tischen auf Barhockern, kann nicht vorreservieren, lernt immer neue Leute kennen und geht durch den Hausflur im Hinterhof auf's Klo. Im Laden selbst herrscht eine gleichmäßige, fröhliche Lautstärke, und man fühlt sich immer wie in Süditalien, mitten auf dem Marktplatz. Das kommt mir ja sehr zugute, da ich ein sehr, sehr mediterraner Typ bin. Gut, sehen kann man das nicht, aber innendrin bin ich feurig, rassig, wild.

Platz 7 hört sich im ersten Moment erst einmal unspektakulär an, ist aber toll und begleitet mich schon mein Leben lang: »Weichgekochtes Ei mit Senf«. Bämm! Beziehungsweise: Puh ... denn weichgekochtes Ei alleine ist ja schon eine olfaktorische Herausforderung. Zusammen mit Senf entfaltet es aber seinen ganzen Reiz – und das zwei Mal ... Wenn Sie verstehen, was ich meine.

Weichgekochtes Ei mit Senf – kurz Wei-Ei mit Senf – gab es zu meiner Schulzeit und auch im Studium immer zum Frühstück dazu. Wenn ich heute intervallfastenmäßig unterwegs bin, esse ich sechzehn Stunden nichts und acht Stunden was, und mach mir dieses Senf-Wei-Ei gern um dreizehn Uhr als Vorspeise meiner ersten Mahlzeit. Manchmal gibt es aber auch gar kein richtiges Mittagessen, sondern ein Frühstück um dreizehn Uhr, womit wir auch schon zu Platz 6 meiner Top-Ten-Liste kommen!

Der noch warme getoastete Toast mit Nutella und Butter.

Sie erinnern sich an das Sofa meiner Eltern? Dieser Toast in Kombination mit dem weichen Ei ... Mmmhhh! Und wenn Sie jetzt um die Ecke kommen mit: »Ach, da tut's doch auch eine andere Nuss-Nougat-Creme!« – Nein, Nudossi, Nusspli, Samba – alles schön und gut, aber Nutella ist Nutella! Da geht nix drüber. Auf alle Fälle kann man mir auch heute noch eine Freude machen, reicht man mir solch einen Toast noch warm, mit leicht schmelzender Butter und darüber eine noch leichter schmelzende Schicht Nutella. Wichtig ist dabei, dass die Creme auf dem Toast schon flüssig ist, während die oberste Schicht noch leicht fest ist, so dass nicht alles sofort runtertropft, sondern ganz langsam in den Mund und wenig später auf die Hüfte gleitet.

Platz 5 ist ein Relikt meiner Kindheit aus den Siebzigern und meiner fröhlichen, gerne Feste in der eigenen Hausbar feiernden Eltern: »Siebziger-Jahre-Partysalate«.

Hier müsste ich noch eine zweite Abstufung einteilen zwischen Schicht-, Kartoffel- und Nudelsalat. Platz 5c ist der Schichtsalat. Kennen Sie den? Bei uns wurde der immer aus Sellerie, Mais, Porree, Äpfeln, Ananas, Eiern, Kochschinken, Mayo, Sahne und geriebenem Käse gemacht. Sie sehen: Mehr is(s)t Mehr. Die Zubereitung ist gar nicht so kompliziert. Alles sehr klein schneiden und in Schichten übereinander klatschen. Fertig ist die Laube! Sehr schmackhaft.

Platz 5b ist der Party-Nudelsalat meiner Mutter. Der ist so schön flutschig, auch wegen der Mayonnaise. Mayo war ja überhaupt eine wichtige Zutat der siebziger Jahre. Ansonsten kamen dazu: Dosenmandarinen, kleine Nudeln, hartgekochte Eier und Schinkenwurstwürfel. Der ist auch heute noch auf jeder Party der absolute Kracher. Klar, es gab dann später auch viele aufgepeppte Rezepte, die den Nudelsalat aus seiner deutschen Spießigkeit in mediterrane Gefilde mitnehmen wollten. Da waren dann plötzlich Rucola, getrocknete Tomaten oder Pinienkerne drin. Kann man alles gerne machen, muss man aber nicht. Mit dem Original mit Wurst und Dosenmandarinen bereitet man mir nach wie vor die größte Freude.

Als 5b1 wäre noch der mexikanische Salat meiner Mutter zu erwähnen, der sich dazugesellte, als mein Bruder und ich selbst anfingen, Party zu machen. Da werde ich aber an späterer Stelle von berichten, da ich hierzu etwas weiter ausholen muss.

Partysalat 5a ist und bleibt der Kartoffelsalat meiner Oma Erna. Ebenfalls mit Eiern, Mayo und Gurken, außerdem mit rohen Zwiebeln. Toll, toll, toll!

Zur Ehrenrettung meiner Mutter muss ich allerdings sagen, dass sie qualitativ sehr, sehr nah an den Kartoffelsalat ihrer Mutter herankommt. So, genug Salate!

Platz 4 meiner Lieblingsspeisen schmeckt am besten in einem Restaurant und lautet »Spanische Tapas«. Erwähnte ich bereits meine südländische Ausstrahlung? Dazu geht man am besten zum …? – Richtig: Spanier! Ob das dann Hackbällchen in Tomatensauce, eingelegte Sardellen, Pimientos, Patatas bravas, Garnelen in Öl mit Knoblauch, Datteln im Speckmantel, Hühnchen in Schokoladensauce, Tintenfischringe oder oder oder sind: Egal! Man kann mir da ein buntes Potpourri auftischen, und ich bin immer fröhlich. Das ist ein bisschen so wie mit der gemischten Tüte früher. Ich konnte mich immer sooo schlecht entscheiden. Also sind mir beim Essen auch viele kleine verschiedene Portionen gar nicht so unrecht. Olé!

Bleiben wir bei kleinen Portionen und kommen wir zu Platz 3 meiner Lieblingsspeisen: Sushi.

Das kann ich tatsächlich so oft essen, wie man darf, und ich glaube, da gibt es keine verbrieften Vorschriften, was die Häufigkeiten des Verzehrs angeht. Meinem Freund kommt der Fisch sehr schnell aus den Ohren wieder raus, aber meine Söhne habe ich infiziert mit meiner Sucht. So ist mir drei Mal die Woche Sushi oft garantiert. Einmal allein, wenn alle in der Schule sind. Einmal mit dem Großen, wenn der Kleine Fußballtraining hat, und einmal mit dem Kleinen, wenn der Große kickt. Meine Wahl begrenzt sich da auf keinen bestimmten Bereich. Es gibt Sashimi in allen Varianten, California Rolls mit Fischrogen, aber auch alles, wo Krebssalat bei ist, und Avocado mit Garnele und Frischkäse geht auch, oder aber Algensalat oder Gyoza und so weiter und so weiter. Der Lieblingssushi-Platz meiner Jungs und mir befindet sich in einem Einkaufszentrum unweit unseres Hauses. Dort gibt es dieses herrliche Sushi-Fließband, wo man nach Lust und Laune verschiedenfarbige Teller runtergreifen kann. Wer am Ende den höchsten Turm hat, hat gewonnen. Da dieser Laden seinen Hauptumsatz mit mir und meinen Kindern macht, sieht der nette Herr Sushi auch lächelnd darüber hinweg, dass Papi sich schon mal mit einer Pizza dazugesellt. Sushi isst man meines Erachtens nach am besten, wenn Fachmänner es herstellen. Ich habe mal mit einem früheren Freund Sushi selbst gemacht. Sein Geduldszentrum ist ähnlich schlecht belastbar wie meins. Ich kann nicht mehr mit Sicherheit sagen, wer als Erster von uns beiden durchgedreht ist, weil der Reis überall kleben wollte, nur nicht da, wo er sollte. Wir konnten die irrsinnig gute Flugfähigkeit der Konglomerate feststellen, die wir zusammengezimmert hatten. Bei einer leckeren Lieferpizza mit Garnelen haben wir die Reisklopse später zusammen von der Küchenwand gekratzt. Da lob ich mir das Fließband. Da ist alles schon geschnitten, gerollt und schön angerichtet.

Oft frage ich mich, warum es dieses Fließband nicht auch für andere Gerichte gibt. Zum Beispiel für die erwähnten Tapas oder für Kuchenteig? Kann bitte jemand ein solches Restaurant eröffnen, wo alles Mögliche an einem vorbeirollt und man nur zugreifen muss? Von mir aus auch mit Drohnen oder mit dressierten Ameisen, die alles brav vorbeitragen! Also, ich würde es lieben! Das Konzept des All you can eat hat sich ja auch durchgesetzt. Erst beim Chinesen, später dann im Urlaub. Völlig fasziniert war ich mal von einer Grillbude in Köln, die tatsächlich Pommes, Kroketten, Gyros, Currywurst, Nuggets, Bratwurst, Thüringer, Krakauer, Kartoffelsalat, Krautsalat und und und als Büfett angeboten hat. Das war der Hammer! Da konnte man eigentlich nur freitags in der Mittagspause hin, weil danach war Feierabend. Danach war der Körper das ganze Wochenende mit Verdauen beschäftigt, und mit Freuen natürlich. Aus irgendeinem Grund gibt es diesen Laden nicht mehr. Ich gehe fest davon aus, dass der Besitzer nun als Milliardär auf seiner eigenen Karibik-Insel sitzt und Geld zählt!

Ohne es zu bemerken, befinden wir uns bereits auf der Zielgeraden. Platz 2 und 1 teilen sich die Spitze, weil es einfach ungerecht wäre, dem einen den Vortritt zu lassen, nur weil es schneller herstellbar ist. Platz 1 und 2 teilen sich, und nun ist es offiziell: »Mettbrötchen mit Zwiebeln« und »Fettfondue«! Diese beiden gehen wirklich immer. Mein Leben hat sich noch mal extrem verbessert, und es war ja vorher schon tiptop, als ich festgestellt habe, dass die Tankstelle um die Ecke bei mir 1a-Mettbrötchen führt. Und das zu jeder Tages- und Nachtzeit! Unter 1a-Mettbrötchen verstehe ich normale Weizenbrötchenhälften mit Butter und Mett, und obendrauf kommen Zwiebelringe und Pfeffer und Salz. Gar nicht kompliziert, wenn alles perfekt ist. So darf das Mett zum Beispiel nur hell- bis dunkelrosa sein! Glänzend oder leicht grau ist schlecht. Zeitgleich darf das Brötchen nicht labberig sein. In Sachen Butterdicke kann man dagegen nicht viel falsch machen, solange der Brötchen-Butter-Koeffizient stimmt. Die Dicke der Butter darf nämlich nicht die Dicke des Brötchens übersteigen. Das passiert leicht, wenn man das Weiße aus dem Brötchen puhlt. Und Gott weiß: Es gibt Menschen, die tun so was! Also kurzum: Es muss knacken, wenn man ins Brötchen beißt, dann kommt die Gemengelage aus Teig, Butter und Mett, die wiederum abgeschlossen wird von einer Prise Schärfe aus Zwiebeln und Pfeffer, wobei das Salz dazu führt, dass man sofort Durst (meist auf Bier) bekommt. Das wiederum spült die Geschmacksknospen frei und macht Platz für die nächste Brötchenhälfte. Der perfekte Kreislauf!

Mit dieser kulinarischen Köstlichkeit kann man mir also zu jeder Tages- und Nachtzeit Freude bereiten. Es ist wie rheinisches Sushi für mich, nur halt mit Brötchen statt Reis und rohem Schwein statt Fisch. Als Mett in den Schwangerschaften tabu war, fiel mir das schwerer als der Verzicht auf Alkohol oder andere verbotene Dinge. Und manchmal, ganz selten, ertappe ich mich heute noch dabei, wie ich mit Mettbrötchen in der Hand wütend und enttäuscht meine Söhne anblicke. So tief sitzt der Schmerz der Erinnerung an diese schlimme Zeit der Entsagung. Als nach der ersten Entbindung Papi am nächsten Tag mit einer Brötchentüte in die Klinik kam und ich sie ihm sogleich von unten aus der Hand schlagen wollte, musste ich mit Entsetzen feststellen, dass es sich nur um ein Kack-Teilchen handelte und um gar kein Mettbrötchen!

Meine beste Freundin Tina verstand und brachte mir, nach meinem zweiten Sohn, bei einer der ersten Mahlzeiten nach der Entbindung eine Brötchenhälfte mit der tollen Bauarbeitermarmelade, wie ich Mett liebevoll nenne. Zu Hause habe ich sogar ein kleines Schnuffelkissen in Form eines Mettbollens.

Nun aber zum anderen Platz 1 und 2: »Fettfondue«. Ich betone Fettfondue. Hierbei handelt es sich um rohes Fleisch von Rind, Schwein oder Huhn, das portionsweise in Happen zerlegt wurde, um dann in siedendem Fett am Tisch frittiert zu werden. Unter den Topf kommt das kleine Stövchen mit Spiritus, und die Pieksegabeln haben verschiedene Farben, damit man sie nicht vertauscht, da ja alle Familienmitglieder ihre Brocken in dasselbe Fett tunken. Dazu stehen irrsinnig viele kleine Schälchen mit Saucen auf dem Tisch, die meisten natürlich selbstgemacht. Ich bevorzuge hier Aioli, Cocktailsauce, fruchtige Currysauce oder Meerrettichsauce mit Preiselbeeren. Außerdem gibt es einen Partysalat oder Mixed Pickles. Statt Brot nehme ich lieber Pellkartoffeln dazu, um in meiner Einbildung kohlenhydratmäßig besser dazustehen. Natürlich ist dieses Essen auch mit einer starken Emotion verbunden.

In meiner Kindheit war das unser Heiligabendessen. Und an die Heiligabende in meiner Kindheit habe ich tolle Erinnerungen. Erst vor ein paar Jahren stellte ich fest, dass ja gar nicht Weihnachten sein muss, um Fondue zu essen. Seitdem taste ich mich häufigkeitsmäßig an meine Sushi-Situation heran. Spaß!!! Aber ich muss zugeben, es gab durchaus bei uns auch schon mal Fondue im Sommer auf der Terrasse, und zwei Mal habe ich schon Fondue ganz alleine mit mir selbst zelebriert. Alle männlichen Bewohner waren ausgeflogen, und Mutti saß mit Fonduetopf, Saucen und Fleisch auf dem Wohnzimmerboden vor dem kleinen Tisch, brutzelte und guckte dabei Rocky I bis IV. Man soll den Film ja passend zum Menü auswählen ... und Fleischfetzen fliegen da auch.

Mein Freund hat mir vor zwei Jahren zu Weihnachten ein elektrisches Fondueset geschenkt. Obwohl sich das a) unromantisch anhört wegen »elektrisch« und ich mir b) verbitte, Küchengeräte geschenkt zu bekommen, war das eins der tollsten Dinge, die ich jemals gekriegt habe. Bei dem Set gehört zum Fonduetopf eine kleine Kochplatte, die man in die Steckdose stecken kann, und zack!, schon kann es losgehen. Quasi immer und überall. Toll sind ja auch die Fondueteller mit den vielen kleinen Einbuchtungen, in denen man dann die ganzen Saucen und kleinen Ferkeleien versenken kann. Fondue ist einfach ganz, ganz prima. Und als unsere Weihnachtsrunde in der Personenanzahl anstieg und der Wunsch nach einem klassischen Wildgericht laut wurde, musste ich das wirklich auch nur ein einziges Jahr mitmachen. Alle, aber wirklich alle konnten den Anblick meiner Verzweiflung am Heiligen Abend ohne Fondue nicht ertragen. Und so gibt es bei uns alljährlich einen tollen Kompromiss: Es gibt zwar Wild, aber an der Ecke des Tisches, wo ich sitze, steht immer auch eine kleine Fondue-Oase.

Irgendwie fällt mir nach diesen zehn Gerichten auf, wie ungerecht das vielen anderen Gerichten gegenüber ist, da ich ein Allesesser bin und wirklich viele Dinge mag: Burger, Pizza, Pommes Schranke, Kottbullar und Hot Dogs von Ikea, gute Hausmannskost, frische Salate, Indisch, Französisch und vieles, vieles mehr sollen sich jetzt bitte nicht vernachlässigt fühlen. Auch Gemüse und Obst! Sorry, Leute, ihr habt es dieses Mal nicht in die Top Ten geschafft, aber vielleicht beim nächsten Mal. Memo an mich: Unbedingt mal rohen Möhrenkuchenteig probieren und gucken, ob man Wei-Ei auch mit Ketchup essen kann – der ist ja immerhin auch irgendwie ein bisschen aus Tomate. Ich konsumiere euch alle weiter mit großer Freude! Da muss schon etwas besonders Fieses daherkommen, dass es mir mal den Appetit verschlägt. Zum Beispiel dieses.

Nimm das weg! Nimm das weg! – Die Top Ten der ekligsten Essenssachen

Wie gesagt, es ist für mich gar nicht so einfach, schlecht über Essen zu sprechen. Ich bin prinzipiell, wirklich, Allesesser. Okay, reden wir über Känguruhoden, Penisse oder aber auch Kuhmumus und geröstete oder gar rohe Insekten, dann bin ich komplett raus. Denn diese kulinarischen Ekligkeiten kommen bei mir niemals auch nur in die Nähe meines Magenbereiches. Verdammt! Damit ist klar: Ich kann nie ins Dschungelcamp. Mist! Damit ist mir dann aber auch jede Grundlage entzogen, meine Karriere irgendwann einmal sinnvoll gegen die Wand zu fahren. »Egal!« – wie der Wendler singen würde.

Kommen wir aber mal zu realistischeren Speisen in meinen Top Ten der Abartigkeiten:

Auf Platz 10 dessen, was ich nicht sooo gerne essen würde, befindet sich Ratatouille.

Sorry, dass dieses Gericht nur wenige Worte hinter Kuhmumu steht, aber diese gemischte Gemüsesituation ist einfach nicht so meins. Irgendwie ist es sauer, dann wieder bitter und irgendwie auch süß – was in Summe zu viel für meine Geschmacksknospen ist.

Gut, jetzt werden schon die ersten Leser aufschreien:

»Was? Warum das denn nicht? Die spinnt doch!« Aber, das ist ja mein Buch, und da darf ich das nicht mögen, was ich will. Ich sage ja auch nicht, dass es ekelhaft ist. Es ist eben nur nicht das, was ich mir im Restaurant bestellen würde, wenn es auch was anderes gäbe. Wenn das andere dann Rouladen wären, hätte ich das Problem, dass die bereits auf Platz 9 bei meinen nicht so beliebten Speisen auftauchen. Aber auch hier sprechen wir von Jammern auf hohem Niveau, denn ich leugne nicht die Existenz einer leckeren Roulade. Es ist eben nur ganz subjektiv das Mirja-Empfinden, und gäbe es zur Roulade eine Alternative, würde ich zugreifen. Einmal habe ich allerdings wirklich eine leckere Roulade serviert bekommen, und zwar mit Absicht, gekocht von Björn Freitag in der Sendung *Und es schmeckt doch!*. Das Konzept der Sendung war, dass ein Promi sagen sollte, was er nicht so gerne mag, und Björn Freitag versprach, dieses Gericht so zuzubereiten, dass es ihm trotzdem schmeckt. Ja, das ist ihm gelungen.

Jetzt muss man dazu sagen, dass Björn die Roulade mit Rinderfilet zubereitet hat. Was ihm natürlich in die Karten spielte. Ansonsten nimmt man für Rindsrouladen ja eher so dünne Fleischscheiben von der Kuh, die weniger zart sind, man kann im Ansatz sogar von zäh sprechen. Das mag ich einfach nicht. Womöglich beißt man dann auch noch auf eine sehnige Stelle. Kennen Sie das? Man beißt auf Fleisch, aber man beißt es nicht durch, sondern darauf herum. Eine Art Fleischkaugummi. Das sind die Brocken, die bei mir im Restaurant unauffällig unter leichtem Hüsteln in der Serviette verschwinden.

Seine Roulade war wirklich lecker, und dennoch ist es eben nicht das, was ich mir im Restaurant mit Begeisterung bestellen würde. Ach, herrje, je länger ich über diese Roulade schreibe oder nachdenke, desto klarer wird mir, dass ich ihr vielleicht doch noch einmal eine Chance geben sollte. Trotzdem bleibt sie jetzt erst einmal hier so stehen. Irgendwas muss ich ja nun mal nicht so gerne mögen, wenn ich schon so ein Kapitel schreibe. Jetzt habe ich einmal damit angefangen, dann mache ich auch weiter. Außerdem haben Sie das bis hierhin ja anscheinend auch schon alles gelesen. Das kann ich dann auch nicht rückgängig machen. So!

Mein nächstes Lebensmittel, und damit auf Platz 8 der Dinge, die ich nicht von selbst kaufen würde, ist weiße Schokolade.

Irgendwie bilde ich mir ein, dass sie noch süßer schmeckt als andere Schokolade, und immer, wenn ich wieder mal versuche, einen Riegel zu essen, denke ich, dass es schon beim Kauen an meinen Zähnen zieht und Karius und Baktus bereits ihre Keulen schwingen. Beim Essen von weißer Schokolade schmecke ich immer schon den metallischen Geschmack der Zahnarztgeräte mit. Es ist nicht so, dass ich eine Zartbittermaus bin. Vollmilch darf es schon manchmal sein, aber eben nicht ganz weiß. Also Björn Freitag, wenn du das liest: Ich warte auf weiße Schokolade, die mir schmeckt.

Platz 7 ist Kümmel. Bäh!

Ein Gewürz, das ich einfach nicht mag. Geschickt verwendet, schmeckt man es vielleicht nicht heraus, aber wenn ich es schmecke, mag ich es nicht. Das gilt übrigens nur für den richtigen kleinen Kümmel. In meiner Anfangsphase des Musicalstudiums in Leipzig habe ich bei Frau Schumert zur Untermiete gewohnt, einer ganz lieben alten Dame in Taucha. Dort hatte ich zwei kleine Zimmer. Im Bad stand ein Ofen, der erst mit Holz befeuert werden musste, damit man warmes Wasser bekam. Meine liebe Gastgeberin wusch mir also schon mal das Haar in der Küche, nachdem sie den Topf mit Wasser auf dem Herd warm gemacht hatte. Eigentlich kochte sie mein Haar. Geduscht habe ich meist in der Hochschule.

Aber bleiben wir beim Herd von Frau Schumert. Dort kochte sie netterweise für mich oft sehr leckere Sachen. Sie waren wirklich sehr sehr lecker, ihre Speisen. Hätte sie nicht diese Vorliebe für Kümmel gehabt. Kümmel in der Wurst, Kümmel an den Kartoffeln, Kümmel im Gemüse. Kümmel, Kümmel, Kümmel. Aber weil Frau Schumert so nett war und sich so viel Mühe gegeben hatte, habe ich immer brav alles aufgegessen. Ich bin eben 'ne harte Sau.

Kreuzkümmel ist wieder was anderes. Ich weiß auch, dass Kümmel in bestimmten Speisen gut gegen Blähungen ist, aber da blähe ich lieber. Abgesehen davon bin ich ja ein Mädchen und blähe überhaupt sehr wenig. Eher entsteht dann bei mir eine fesselballonartige Situation. Das führt hier aber zu weit.

Platz 6 bis 1 der für mich abstoßendsten Lebensmittel ist schnell erzählt, und die genaue Reihenfolge können Sie frei festlegen. Wir reden von Innereien! Da bin ich draußen.

Kalbsleber lecker gebraten mit Zwiebeln, Apfelmus und Kartoffelpüree, da bin ich dabei, aber der Rest: Pfui, bah!

Kutteln, Nierchen, Kalbsbries, Hirn, Zunge, Herz, Lunge, Euter, Pansen: Würg! Okay, der aufmerksame Leser aka Buchstabenzähler wird gemerkt haben, dass es mehr als sechs Dinge sind, aber die Lebensmittel sind so ih-bäh-pfui, dass ich ihnen nicht noch mehr Platz in meinem Buch einräumen will. Allein, dass ich sie erwähnt habe, ist schon schlimm genug. Würg!

Ich war mal in einen Italiener verliebt. Und seine Eltern, die südlich von Rom lebten, haben mich zum Essen eingeladen. Also bin ich mit dem Zug von Rom, wo ich bei einer Gastfamilie wohnte, aufs Land gefahren. Es gab dort sehr viel sehr leckeres Essen. Der Italiener an sich liebt ja viele, viele Gänge. Und die italienische Mama wird traurig, wenn sie das dünne blonde Ding sieht (ich war vielleicht achtzehn, und ich war dünn). Man wird dann erst mal beherzt in die Wange gekniffen und mit den Worten: »Che bella biondina« an den Tisch geschoben. Und dann wird aufgetischt. Immer mehr und immer mehr. Ich war ein achtzehnjähriges Mädchen – kein Junge, die essen viel. Mädchen essen nix. Aber mir gefiel Francesco, und ich wollte seiner Mama gefallen. Also aß ich wie ein Scheunendrescher. Salat, Pasta, Risotto, Salat, Pasta, Risotto, und dann kam die Hauptspeise. Des Atmens kaum mehr fähig, starrte ich auf meinen Teller. Ich kann bis heute nicht sagen, was es war. Es müssen Innereien gewesen sein. Gefüllt mit Innereien. Es war eine gerollte Sache, in der andere Sachen drin waren. Drumherum Soße. Alles in einer lila-bräunlichen Färbung. Ich mochte Francesco wirklich sehr. Also legte ich dieses Essen noch ganz oben auf den

Mageneingang. Ich war bereits so vollgefüllt, dass ich schon fühlen konnte, wie die Hauptspeise mich von hinten am Zäpfchen kitzelte. Nach dem Essen verabschiedete ich mich mit wenigen Worten (ich konnte kaum noch sprechen), die so klangen, als hätte Veronica Ferres sie persönlich gesprochen. So groß war der Lebensmittelkloß in meinem Hals. Wie ein Klops saß ich im Zug zurück nach Rom. Ich schaffte es eben noch vor den Ausgang von Roma Termini, um mir das gesamte Essen noch mal durch den Kopf gehen zu lassen. Salat, Pasta, Risotto, Salat, Pasta, Risotto, lila Innereien – nur eben andersrum. Francesco und ich haben uns nie wiedergesehen. Die Liebe zu ihm war der Abneigung gegen Innereien wohl nicht gewachsen.

Zusammengefasst: Alles, was im Tier innen drin ist und nicht Leber heißt, lehne ich ab. Gut, Schweineöhrchen mag ich auch nur als Teilchen. Und mit Schweinefüßchen kann man mir ebenfalls vom Leib bleiben. So, jetzt ist mir übel! Ich muss eine kurze Pause machen. Wahrscheinlich setze ich mich an meine Blockflöte und werde eine *Ode an die Roulade* komponieren, bei der ich mich hier am Ende des Kapitels noch mal in aller Form entschuldigen möchte.

Der braune Sack oder auch: Mister Magendeponie

So. Jetzt ist es raus. Sie wissen, was ich niemals essen könnte und wovon mir mehr als blümerant im Magen wird. Umso faszinierender finde ich Menschen, die einfach alles essen können. Also wirklich alles! In meinem Bekanntenkreis haben wir so einen Kollegen, dem wir deswegen feierlich den Adelstitel Mister Magendeponie verliehen haben. Denn: Sein Magen ist ein brauner Sack. Sie kennen das vielleicht von Ihrem örtlichen Müllabholer. In die braune Tonne kommt alles Organische: Reste von Brot- und Backwaren, Wurst und Fleisch, Übriggebliebenes von Fisch und Gemüse, Obst, aber auch Salat- und Käse-Überbleibsel dürfen nicht fehlen. Milchprodukte sind auch erlaubt und Knochen. Und genauso verhält es sich mit dem Schlund von Mister Magendeponie. Würde man ihn an die Straße stellen, die Herren in Orange würde ihn garantiert, ohne mit der Wimper zu zucken, mitnehmen. Laut Bundesministerium für Umwelt, Naturschutz und nukleare Sicherheit sind auch Teebeutel, Kaffeefilter, Federn und Haare und natürlich so gut wie alle möglichen Arten von Grün- und Gartenabfällen erlaubt, aber an die hat sich Mister Magendeponie noch nicht herangewagt. NOCH!

Wenn unsereins eine leicht moussierende Räucherforelle aus der stramm gewölbten Plastikverpackung fischt, ist der erste Gedanke: »Ihhhh! Weg damit.« Mister Magendeponie zuckt dagegen völlig unbeeindruckt mit den Schultern und denkt sich: »Wieso? Geht doch noch!«

Dasselbe mit Fleischwurst. Ich habe mir angewöhnt, Wurst nicht mehr zu essen, wenn man sie theoretisch als Hautcreme benutzen könnte. Wurst sollte entweder trocken sein oder maximal einen kleinen Schwitzfilm besitzen, aber auch das finde ich schon obszön. Mister Magendeponie fühlt sich herausgefordert. Laut seiner Angaben, die ich bitte niemals verifizieren möchte, schmeckt abgelaufene Fleischwurst ein wenig sauer, mit einer leichten Note von Essig. Sein Argument: Sauerfleisch und Ente süß-sauer essen wir doch auch! Das ist dann halt Sauer-Fleischwurst – und wer weiß, ob die nicht vielleicht sogar bald der nächste heiße Scheiß auf der Karte vom Chinamann sein könnte! Argument Nummer zwei: Man kann sie anbraten, dann verflüchtige sich meist der saure Geschmack.

Für ihn ist das Mindesthaltbarkeitsdatum eher so was wie eine Empfehlung. Oder besser: Es ist ein Hinweis darauf, wann das gekaufte Lebensmittel eine Art Transformation durchmacht. Wie bei der Raupe und dem Schmetterling, sagt er. Wurstpoesie in allen Ehren, aber wenn ich mir die Sachen angucke, die er so isst, verwandelt sich der schillernde Fleischwurstschmetterling in eine saure Hautcremeraupe.

Er sieht das sportlich und entdeckt immer wieder Neues. Bei Milchprodukten zum Beispiel. Milch, Joghurt, Quark,

Käse, bis hin zum Blauschimmelkäse seien schließlich auch irgendwie Verwesungsprozesse, die wir alle mögen. Gut, Asiaten finden angeblich, dass wir Europäer mitunter riechen, wie Milch nach einem Gewitter. Aber in der Theorie hat er ja recht.

Obst findet er auch sehr faszinierend und braune Stellen gar nicht mal so schlimm. Klar, Schimmelflaum geht gar nicht! Der muss weggeschnitten werden, aber ein bisschen braun, grau an Erdbeere, Apfel und vor allem Banane – das gibt den nötigen Kick. Die gelben Krummfrüchte lagert er schon mal gerne im Kühlschrank, bis sie richtig tiefbraun bis schwarz sind. Die sind dann so unfassbar süß – das sei unbeschreiblich, findet er. Mit leuchtenden Augen erzählt er die Geschichte, dass er einmal sogar von schwarzen Bananen leicht beschwipst war. Der Fruchtzucker hatte sich nämlich nach und nach in Alkohol verwandelt! Das klang jetzt erst mal unrealistisch, aber da fiel mir ein alter Tierfilm ein. Da sieht man Elefanten, Affen und sogar Löwen vergorene Früchte essen und anschließend besoffen durch die Steppe wanken. Ich glaube, eine Antilope hat sogar schweinische Kneipenlieder gesungen! Seitdem ess ich kleine braune Stellen an Bananen sogar mit! Ob ich danach überhaupt noch Auto fahren darf? Ich glaube schon.

Aber zurück zum braunen Sack von Mister Magendeponie. Zwei Fragen stellen sich mir da! Warum kann er das? Warum bleibt sein Magen cool, während sich meiner schon beim Schreiben umdreht? (Aktuell grummelt er schon. Ich glaube, das heißt: »Magen an Kleinhirn und Finger! Hört sofort auf mit dem Kapitel!«) Die Antwort ist: Ich weiß es nicht. Es gibt keinerlei Erklärung dafür. Und die Evolution steht klar auf meiner Seite. Denn mein Hirn warnt mich bei verdorbenen Lebensmitteln frühzeitig in Form von Ekel. Das war schon bei meinen Vorfahren so. Riecht nicht gut, sieht nicht gut aus, Finger weg, nicht essen. Der Grund ist klar. Säbelzahntiger! Deswegen stand schon in Steinzeithöhlen als Warnung an der Wand: »Wer kotzt, kann nicht weglaufen!« Wobei der Vergleich hinkt wie ein Neandertaler, der noch mal schnell hinterm Busch verschwinden muss. Denn auch Mister Magendeponie hätte ja überlebt, und er hätte einen volleren Magen gehabt. Und überhaupt: Der Säbelzahntiger hätte den Homo Magendeponicus niemals gefressen, wenn er gewusst hätte, was der alles Fieses im Magen hat.

Auf die Frage: »Warum kann er das?« gibt es also keine Antwort. Vielleicht ist es Training, wie beim Alkohol. Da sind Menschen ja zu Erstaunlichem in der Lage – vor allem an Karneval und in Biergärten.

Zweite Frage: »Warum macht er das?« Man muss ja schließlich nicht alles tun, was man kann. Die naheliegenden Begründungen fallen weg: Er ist weder arm noch über die Maßen geizig. Hält er sich vielleicht für einen kleinen Lebensmittelpionier? Einen Geschmacksentdecker, der mit schmierigen Fleischwurstscheiben über einen See aus saurer Milch zu neuen Ufern schippert? Vielleicht. Der Hauptgrund ist aber: Er kann nichts wegschmeißen. Deswegen hat er seinen Magen nach und nach zum Recyclinghof umgebaut.

Falls Sie den mal besichtigen wollen: Er steht direkt neben dem Schnitzelfriedhof.

Das hat nur Vorteile. Denn man isst ja nicht bloß Abgelaufenes, sondern auch alles, was sonst übrig ist. Zum Beispiel auf den Nachbartellern im Restaurant. Keine Sorge: Mister Magendeponie bestellt sich auch selber was, und seine Reste-Essen-Raubzüge beschränken sich auf den eigenen Tisch, aber Restpommes vom Kind, die Restnudeln von der Freundin und das halbe Schnitzel von Oma, das geht immer. Er habe so einen viel umfassenderen Überblick über das Angebot und Können des Kochs, sagt er, und dann freut er sich wie ein kleines Kind: »Das schmeckt sogar kalt!«

Sein Hauptargument ist aber Lebensmittelverschwendung. Und wenn Sie bis hierhin dachten, Mister Magendeponie hat nicht nur einen robusten Magen, sondern auch gehörig einen an der Murmel – das Argument mit der Lebensmittelverschwendung ist leider wirklich gut. Sie können ja mal googeln, wie viel Essen der Deutsche pro Kopf wegschmeißt. Spoiler: Zu viel.

Deswegen ist Mister Magendeponie ein kleiner Held, der täglich seine Verdauung aufs Spiel setzt, damit weniger weggeschmissen wird. Vielleicht laden wir ihn demnächst mal wieder auf einen Kaffee ein. Es muss ja nicht mal der gute sein. Kaffee, so sagt er, bekommt eine ganz neue Note, wenn die Milch leicht sauer ist. Die kleinen Joghurtbröckchen, die in der Tasse schwimmen, sorgen bei ihm für wahre Geschmacksexplosionen! Aber als ich ihn neulich bei mir zu Hause hatte, war das Geschrei plötzlich groß. Was denn da in seinem Kaffee sei, wollte er wissen. Sojamilch. DIE mochte er nicht. Vielleicht hätte ich sie ein paar Sommerwochen außerhalb des Kühlschranks »reifen« lassen sollen.

Er hat sich aber schnell beruhigt, weil ihm dann einfiel, was ihm vor kurzem in den Kaffee reingefallen war. Er hatte sich einen »normalen« Kaffee gemacht – also so, wie alle Menschen ihn trinken würden. Wasser plus Kaffeepulver minus Filtertüte plus Sahne. Sahne, weil er gerade Atkins machte. Aber irgendwas war trotzdem anders. Auf dem Kaffee schwammen nämlich kleine Fettaugen. Die konnten nicht von der Sahne sein. Die löst sich ja auf. Und geschmacklich war da zusätzlich noch so eine andere Note. Nicht unbedingt schlechter, aber auch nicht besser. Jeder andere hätte den Kaffee weggeschüttet. Er nicht. Er schlürfte sich der Antwort entgegen. Und siehe da: Als er den Kaffeetassenboden erreicht hatte, entdeckte er den Special-Shot, den es so in keinem Starbucks gibt. Ein fingerkuppengroßes Stück Thüringer Rostbratwurst von seinem ausgiebigen Atkins-Pfannenfrühstück. Die war irgendwie beim Schneiden reingekullert und hatte ihr würzig-fettiges Wurstbrätaroma an den Kaffee weitergegeben. Das war ein Hallo! Sein Fazit: Kaffee mit Bratwurst ist etwas gewöhnungsbedürftig. Bratwurst mit einem leichten Kaffeearoma dagegen, sei »Gar nicht mal so schlecht! Im Gegenteil!«

Mittelwort

Ich weiß, ich weiß, bitte flippen Sie nicht aus!

Natürlich ist mir klar, dass es Ihnen längst klar ist. Glauben Sie bitte nicht, ich unterschätze Sie. Also wirklich, ich weiß, dass Sie es wissen. Wir wissen es beide. Irrsinn ist das. Kaum zu glauben. Fast verrückt, aber wir befinden uns ziemlich genau in der Mitte dieses Buches. Wir haben quasi Bergfest. Der Gipfel ist erklommen, was nicht heißen soll, dass es ab jetzt bergab geht. Aber es ist ein guter Zeitpunkt, dieses Werk mal beiseitezulegen und in sich zu gehen.

Gehen wir diesen Weg noch gemeinsam zu Ende? – Vergessen Sie diesen Gedanken! Legen Sie das Buch auf gar keinen Fall weg, und wagen Sie es ja nicht, auch nur einmal daran zu denken, nicht weiterzulesen.

Wenn Sie es bis hierhin geschafft haben, schaffen Sie auch noch den Rest. Ich fand es bis hierhin spitze. Das muss ich ja sagen, ich habe den Unsinn ja schließlich geschrieben. Aber es wird noch viel toller. Kaum vorstellbar, aber wahr. Lesen Sie einfach weiter! Vergessen Sie überhaupt die letzten Zeilen! Ein Mittelwort: Was soll das überhaupt sein? Das gibt es doch gar nicht. Na und? Ich hatte einfach Bock drauf.

Also, ab in die zweite Halbzeit!

Lebensrettende-Lebensmittel-Sofortmaßnahmen oder kurz: Das Sicherheitsessen

Sicherlich wirft der Begriff »Sicherheitsessen« viele Fragen auf. Was ist »Sicherheitsessen«? Okay, das war nur eine. Zwei andere wären: Muss ich mir Sorgen um mein Wohlbefinden machen? Und: Welche Gefahren lauern auf mich beim Lesen? Hierzu möchte ich keine Prognose abgeben. Lesen Sie selbst.

Ich muss zugeben, dass ich mir diesen Begriff gerade erst ausgedacht habe. Ich hatte Ihnen doch in meinen »Top Ten meiner Lieblingsessen« mit dem mexikanischen Salat meiner Mutter bereits den Mund wässrig gemacht. Hier schon mal das Rezept:

Maisdose und Erbsendose öffnen (da werden oft Fehler gemacht. Niemand mag geschlossene Supermarktdosen im Salat!).

Abschütten und in eine Schüssel zusammengeben.

Kidneybohnendose öffnen (siehe oben), Kidneybohnen in einem Sieb abwaschen und Kidneybohnen zu den Erbsen und dem Mais schütten.

Großen Remmel Gouda in kleine Würfel schneiden und diese zu dem Gemüsegemisch werfen.

Dressing: Etwas Mayo, eine Prise Joghurt und ein bisschen

Pfeffer und Salz – oder umgekehrt – vermengen und mit in die Schüssel klatschen. Ein wenig verrühren und fertig ist der leckere Partysalat.

Natürlich wird er besser, je länger er zieht. Mehr als drei Tage sollten es aber nicht sein, sonst singen Sie: Ich renn aufs Klo, Partysalat Mexiko! Wie dieser Partysalat schmeckt, können Sie anhand der Zutaten sicher erahnen. Aber eben nur erahnen.

Dieser Partysalat wurde bei uns gerne auch nach getaner Feierei zu sich genommen. Und nun kommen wir endlich zur Erklärung des Wortes »Sicherheitsessen«.

Wenn meiner Familie ein feierwütiges Wochenende bevorstand, weil meine Eltern auf eine Party gingen, mein großer Bruder mit seinen Kumpels abfeiern wollte oder weil ich auf die Rolle ging, natürlich volljährig, denn vorher gab es natürlich keinen Alkohol – Entschuldigung! Ich bin Lehrerkind –, stand meine Mutter gerne im Vorfeld in der Küche. Dort fertigte sie kalte Speisen an, die dann in der Nacht von der angeheiterten Familienrunde herdenartig verzehrt werden konnten.

So traf man sich nachts um zwei mit vier Löffeln über einem mexikanischen Salat und schaufelte diesen selig betrunken und heißhungrig in sich hinein.

Wenn Sie jetzt denken, der Sicherheitsaspekt des Essens läge in seiner magenfreundlichen Beschaffenheit für Partyheimkehrer – falsch!

Die Idee mit der Sicherheit hinter diesem Salat entspringt der Angst meiner Mutter, dass sich nachts ein angeheitertes

Familienmitglied an den Herd stellen könnte und dabei die komplette Bude abfackelt, weil es bereits beim Garvorgang auf dem Sofa einnickt. Es wäre ungerecht, hier nur meinen großen Bruder in den Fokus zu nehmen, da bei Familie Boes nachts gerne alle am Herd herumfrickelten. Aber man kann schon sagen, dass ER der Paul Bocuse der nächtlichen Schmausereien war. In vielen Lebensmittelbereichen testete er, wie lange man bestimmte Dinge garen kann, bis der Topf brennt. Er hat es mal geschafft, ein Hühnerei komplett trocken zu kochen.

Sehr beliebt bei meinem Bruder und mir waren Schupfnudeln aus der Tiefkühltruhe. DIE zusammen mit kalten Bockwürsten und Mayo oder Remoulade: Yam!

Erst kürzlich erzählte mir unser Kumpel Jürgen, wie beeindruckt er damals immer von den Mengen dieser Soßen im Hause Boes war. Im Nachhinein erinnere ich mich auch tatsächlich daran, dass Remoulade und Mayo bei uns immer nur in Industriepackungen gekauft wurden. Toll!

Damit meine Mutter also ruhig schlafen konnte, wenn sie mal früher als ihre Kinder zu Hause war – was selten vorkam –, stellte sie die herrlichen Partysalate als Sicherheitsessen bereit. Da mussten zwar am nächsten Morgen schon mal ein paar einzelne Erbsen aus der Sofagarnitur gepopelt werden, aber die Bude stand zumindest noch. Wahrscheinlich hat sie unserer Versicherung einiges an Kosten und unserer Dorffeuerwehr einige Einsätze erspart und uns allen mehrfach das Leben gerettet.

Statt einem, auf dem wir mit angesengten Haaren leicht

qualmend vor der Ruine des Hauses stehen, hat sich meiner Erinnerung ein sehr, sehr anmutiges Bild eingebrannt:

Da liegen wir, restbetrunken, auf dem Sofa vor dem Fernseher, in der einen Hand der mexikanische Salat und mit der anderen Hand ein Auge zuhaltend, damit sich das Nachtprogramm nicht doppelt abspielt. Und »anmutig« meine ich ernst. Gibt es etwas Schöneres als angesäuselte Menschen mit dollem Hunger, denen man etwas zu essen in die Hand drückt? Kann ein Mensch schöner aussehen, als wenn er in acht Richtungen gleichzeitig gucken kann, mit breitem Grinsen in seinen Döner beißt, während ihm die Soße die Lefzen herunterläuft?

Ja, kann er! Wenn er dies nämlich an Karneval tut, die Perücke schiefhängt und die Schminke überhaupt nicht mehr da sitzt, wo sie sitzen sollte! Ich gebe zu, dass ich an Karneval schon vor Dönerbuden herumgelungert habe, nur um dieses Glück auf den Gesichtern einzufangen. Das könnte auch mein nächstes Buchprojekt werden: Ein Fotoband von glücklich essenden, betrunkenen Menschen. Gut, andere würden es Stalken nennen, für mich ist es Romantik pur.

So entstand im Hause Boes das nächtliche Sicherheitsessen. Auch in der Feierei haben wir immer gut aufeinander aufgepasst. Es wusste doch immer jeder, wo der andere war, beziehungsweise ob er schon zu Hause angekommen war.

Es gab damals nur ein Taxiunternehmen bei uns, und die Fahrer waren natürlich alle untereinander vernetzt. So wurde meinen Eltern beim Einsteigen beruhigend bestätigt: »Keine Sorge, die Kinder haben wir eben schon zu Hause abgesetzt!« Oder aber uns auf eine andere Weise beruhigend zugeraunt: »Keine Sorge, ihr seid die Ersten! Die Eltern feiern noch.« Das konnten wir tatsächlich ganz prima: Feiern! Das können wir auch heute noch, und es weckt durchgängig positive Erinnerungen in mir, Erinnerungen von großem Spaß. Mein Vater stieg auch gerne mal auf der einen Seite ins Taxi ein, um auf der gegenüberliegenden Seite mit den Worten wieder auszusteigen: »Sorry, ich bin noch nicht fertig mit dem Feiern!«

Der erste Freund, der bei mir übernachten durfte, ich war fünfunddreißig – Spaß!, aber tatsächlich war ich bereits über zwanzig, wiegte sich bei seinem ersten *Betrunken-auf-mein-Schlafsofa-Sinken* auch in Sicherheit, hatte aber nicht mit meinen Eltern gerechnet. Die haben in ihren frühen Fünfzigern gerne einmal den Rest der ermüdenden Partygesellschaft mit zu uns an die Kellerbar gebracht, um weiter zu feiern. Oder aber, wie in diesem Fall, meinen nigelnagelneuen Freund von der Couch gezerrt mit den Worten: »So, du darfst jetzt also hier heute übernachten? Du kommst dann wohl öfter. Zeig mal, was du am Brett kannst.«

Dann wurde in den Partykeller gerannt, und da mein neuer Freund ja ein gutes Bild abgeben wollte, rannte er mit – in Boxershorts und Schlafshirt. Und ich konnte mich zu den lauten Klängen der Black Fööss beruhigt in meinem Kissen umdrehen und einschlafen. Dass ICH feiern kann, wussten meine Eltern ja schon.

Heute feiern wir, wie gesagt, immer noch gerne. Mein Vater leider oben im Himmel, aber bestimmt in netter Gesellschaft. Mein Bruder und ich in Köln und meine Mutter mit ihren Freunden am Niederrhein, wobei sie zunehmend über dieses ständige Älterwerden jammert. Sie ist achtzig, sie will tanzen und keine Sitzpartys. Sie hat auch bereits angekündigt, dass sie auf keinen Fall ins Altersheim gehen wird, sondern eher eine Jugendherberge anstrebt.

Und nach alldem schmeckt unser Mexikanischer Partysalat.

Küchenhelferhaushaltsgeräteauflistung

Heißluftfritteuse, Sodastreamer, Smoothie-Maker, Elektromühle, drei Kaffeemaschinen, Thermomix, Zuckerwattemaschine, elektrischer Schokobrunnen, Entsafter (groß), Entsafter (klein), Mini-Brezel-Backblech, Popcake-Formen, diverse Backformen, Milchaufschäumer (elektrisch), drei bis vier bis acht Milchschäumer, mit Batterie betrieben und händisch, Ultraschallreinigungsgerät, Schweinebeinhalter, Raclette (zwölf Personen), Raclette (sechs Personen), Raclette (vier Personen), Schokobrunnen (mini), Donut-Maker, drei Fondue-Sets, ein Käsefondue, Toaster, Toaster mit Konterfei von *Hello Kitty*, Wasserkocher, *Brita*-Wasserfilter, Eierkocher, Saftpresse, Vakuumiergerät, zwei Kaffeemühlen (elektrisch), Zauberstab, Sektkühler mit LED, Waffeleisen, Sandwich-Maker, Eierform aus dem *Yps*-Heft, mit der man gekochte Eier viereckig pressen kann (geht wirklich!), Mixer, Käsehobelabroller für »Tête de Moine«, ganz neue Popcorn-Maschine, Party-Picker in Form von Ameisen, Pizzastein, Cocktail-Shaker, ganz alter Heimsiphon, Gas-Grill, Damenkohlegrill, Beefer, Oliven-Schneckenkreisel-Teller, Nudelwalze, Bratenspritze, zwei Partypilze für Käse-Picker, Eiscrusher, Strassapplikationsmaschine (komm, die musste noch dazu!), M&M-Spender.

Ausführliche Küchenhelferhaushalts-geräteauflistung

Ach so … Hier, jetzt, ja, klar! Wir sollten natürlich noch den Nutzen und Unnutzen der verschiedenen Haushaltsgeräte besprechen, die ich mein Eigen nenne. Wie Sie sicherlich schon gemerkt haben, ich habe sie alle – in der Küche und in den angrenzenden Räumen, also im ganzen Haus verteilt.

Und ja, fast alle waren auch schon in Betrieb! Und ich habe mir für dieses Kapitel auf die Fahne geschrieben, zu jedem aufgeführten Gerät auch etwas zu schreiben. Eventuell ist dann, nach diesem Kapitel, das Buch auch schon voll. Ich sage jetzt schon mal Tschüss! Ciao! Auf Wiedersehen! Schön, dass Sie vorbeigeschneit sind.

Starten wir mit der Strassapplikationsmaschine. Ja, ich weiß, kein Küchengerät im direkten Sinne. Es sei denn, man will ein Wurstbrot so weit pimpen, dass es in der Auslage von Swarovski liegen könnte. Da ich aber auch schon Strasssteine auf Spültücher gelötet habe, finde ich, dass man sie dazuzählen darf. Sowieso ist sie natürlich in ständigem Betrieb. Strasssteine auf T-Shirts, Strasssteine auf Taschen, Strasssteine auf Schuhe und, wenn sie sich nicht schnell genug bewegen, durchaus auch schon mal Strasssteine auf Familienmitglieder. Okay, nun aber zu den echten Geräten. Falls Sie Ihr Buch von mir persönlich handgestrasst haben wollen, sagen Sie einfach Bescheid.

Die Heißluftfritteuse ist ein Gerät zum Frittieren mit heißer Luft. Bei »heißer Luft« denken Sie sich jetzt bitte einen Kabarettgag über einen Politiker Ihrer Wahl.

Die Heißluftfritteuse funktioniert wie ein Haartrockner oder wie ich die Mechanik auch beschreiben würde: Frittieren ohne Spaß, weil wegen ohne Fett. Das ist wohl einer der großen Unterschiede, da der gemeine Fön es durchaus auch schon mal mit fettigen Haaren zu tun bekommt. Auch hier können Sie einen Witz einbauen, wenn Sie möchten.

In die Heißluftfritteuse kann alles rein, nur kein Fett – und keine Köppe zum Haaretrocknen. Ist klar.

Dann kommt die heiße Luft und zack!, das Zeug ist frittiert – und zwar ohne Fett! So weit die Vorteile, aber wussten Sie eigentlich, dass Fett ein Geschmacksträger ist? Hmh, jetzt wissen Sie auch, warum das Teil bei uns im Keller steht.

Der Toaster: essenziell! Steht natürlich in der Küche und ist täglich in Gebrauch. Getoastet wird Toast. Ergibt Sinn. Bei uns Vollkorntoast wegen der Gesundheit. Vollkorntoast ist das Toastbrot, was bei der Herstellung mal kurz neben zwei Körnern gelegen hat. Obendrauf kommt Nutella. Morgens, mittags, abends, geht immer!

Wichtig hierbei: der Toastgrad. Es darf nicht zu durch, sprich zu kross sein. Da achten meine Jungs penibel drauf. Und zu labberig geht auch nicht. Nichts ist schlimmer als ein Labbertoast mit Nutella, der geschickt nach unten wegklappt, kurz bevor man seine Zähne reingraben kann.

Der Toaster allerdings, der das *Hello Kitty*-Konterfei auf's Brot brennt, der ist im Keller gelandet. Zu viele Männer im Haushalt. Aber oft gehe ich nachts runter und toaste mir ganz viele Katzen auf's Brot, und da ja niemand guckt, nehme ich dazu auch den gaaanz hellen Weizentoast, komplett ohne Korn. Dann kann man die Kitty besser sehen.

Den Kitty-Toaster wegschmeißen käme nie in Frage für mich. Den habe ich nämlich seinerzeit von meinem Gott-hab-ihn-selig-Kollegenfreund Dirk Bach geschenkt bekommen. Das ist eigentlich eine sehr süße Geschichte. Ich wusste, dass der Dirk die Teddybären-Kollektion aus sämtlichen Hard-Rock-Cafés dieser Welt sammelte und habe ihm so einen von Malle besorgt. Im Gegenzug wusste er von mir, dass ich eine Hello-Kitty-Abhängigkeit hatte und zack! war der Toaster da. Und jetzt, wenn ich mir nachts im Keller die Mieze auf's Brot brenne, denke ich besonders doll an Dirk. Ach, ach, ach!

Was allen Toastern gemein ist: das Krümelfach. Ich hoffe, Sie kennen das. Ansonsten werden Sie bald schon eine Überraschung erleben. Mein Tipp: Falls Ihnen mal die Croutons für den Salat ausgehen sollten oder das Crunchy-Müsli: einfach mal ins Krümelfach des Toasters schauen. Da lagern wahre Schätze. Das reinste Korn, mehrfach geröstet, während Staub und Haare jedes Mal weggebrannt werden. Auch das dürfte dem Aroma sehr förderlich sein. Wer will, kann den Toaster auch einfach umdrehen, und die Krümel fallen raus. Aber machen Sie das niemals unter freiem Himmel. Alfred Hitchcocks *Die Vögel* ist ein Kinderfilm gegen das Krümel-Massaker, das sich bei Ihnen abspielen würde.

Was ebenfalls beachtet werden muss: Der Toaster gehört in der Gattung der gemeinen Haushaltsgeräte zur Rasse der niederen Materialverschlinger. Höhere Materialverschlinger sind zum Beispiel Waschmaschinen, die sich im Laufe ihre Lebensjahre kiloweise Socken einverleiben, während sie zum Beispiel haushaltsfremde Unterwäsche immer so ausspucken, dass Ehefrauen sie entdecken. Haushaltsverhaltensforscher sprechen da von einer gewissen Niedertracht. So ähnlich verhält es sich auch mit Toastern, zu deren Hauptnahrungsmittel keine Socken gehören, sondern Toast, unsachgemäß eingeführte Aufbackbrötchen und diese lustigen Fertigschnitzel. Hat sich der Toaster erst mal seiner Beute bemächtigt, lässt der Raptor niemals wieder los.

Wenn sich Hunde verbeißen, soll man ihnen mit einem gezielten Faustschlag auf den After hauen – habe ich mal gehört. Ausprobiert hab ich es noch nie. Das wäre mir dann doch etwas übergriffig. Aber was macht man beim Toaster? Wo ist da der After? Ich hoffe, Sie können mir folgen.

Viele Zivilisten versuchen, Feststeckendes aus dem Toaster zu fummeln. Ganz schlechte Idee. Vor allem, wenn der Toasterschwanz, auch bekannt als Stecker, noch in der Dose ist. Der Toaster wehrt sich in dem Fall nicht nur mit Hitze und Verbrennungen, er verfügt auch über die Fähigkeit, sein Opfer vollkommen unvermittelt mit 220 Volt zu überraschen! Das macht dann so ein Glühen in den Augen und so ein Dampfen in den Haaren – und dabei ist es egal, ob Sie mit den Fingern fummeln oder dem störrischen Viech mit gezücktem Messer zu Leibe rücken. Also: Obacht! Ich weiß: Sie denken, das ist hier nur so ein lustiges Lebensmittelbuch. Aber genau jetzt ist der Moment, in dem die Lektüre meines Werkes Leben retten kann. Also: Finger weg vom offenen Toastermaul! Wer einmal den Blitz gesehen und das Peng gehört hat, weiß: Der Toaster kann dein Freund sein oder dein schlimmster Feind.

Wasserkocher: Relativ unspektakulär steht er doch in der Küche. Meist für den Tee der anderen Familienmitglieder. Ich habe zu Tee die Haltung, dass ich ihn nur trinke, wenn ich krank bin. Da ich Kranksein aber grundsätzlich ablehne, lasse ich das einfach weg. Ganz wichtig aber beim Wasserkocher: der Kalkfilter! Den braucht man in Köln, da das Wasser hier wahnsinnig kalkhaltig ist. Fast so kalkhaltig, dass die Speiseröhre bereits beim Trinkvorgang von Leitungswasser betonartig ausgekleidet werden würde. Beim Pipimachen kann man dann tatsächlich davon sprechen, dass man »'ne Stange in die Ecke gestellt hat«. Die Alternative wäre, den Wasserkocher regelmäßig mit Essig auszukochen. Spätestens dann, wenn man sich wundert, warum so komische Bröckchen im Tee schwimmen. Als wäre man nicht schon krank genug. Wobei der Kalk nicht schädlich sein soll. Nur eben ekelig. Ich weiß auch, dass ich mich jedes Mal im Urlaub wundere, warum meine Haare so weich sind oder ich eine gewaltige Schaumburg auf dem Kopf habe oder der Kaffee plötzlich so anders schmeckt. Aber das Wasser von Kölle ist gut. Das singen die Bläck Fööss immer im Karneval. Das muss also stimmen.

Der Soda-Streamer, der angeschafft wurde, damit der Papi nicht mehr so schwer tragen muss, wurde natürlich mit dem Wasser aus dem Wasserfilter gefüttert. Außer der Freude meiner Söhne und mir, dass der beim Kohlensäureversetzen so ein schönes pupsartiges Geräusch macht, fand der bei uns keine weitere Beachtung. Fazit: Papi schleppt wieder. Und der Streamer wohnt bei der Heißluftfritteuse im Keller.

Neben den beiden steht da unten auch der Smoothie-Maker. Ein Gerät, das mein Freund mit in die Beziehung brachte. Nee, anders. Es war das Gerät, welches meinen Freund mit in die Beziehung brachte. Kurze Zeit war der Smoothie-Maker der neue heiße Scheiß bei uns in der Küche, wurde dann aber vom Zauberstab (Pürierstab) in seine Grenzen verwiesen, da man damit in einem hohen Topf tatsächlich alles so klein zerhäckseln kann, dass es Smoothie wird. Wenn man diesen Brei dann noch erhitzt, – Achtung! Es folgt eine reißerische, nahezu revolutionäre Ansage: Kann man sich den Thermomix auch sparen! Ja, ich gebe es offen zu: Mein Thermomix steht im Keller! Der Thermomix und ich wurden keine Freunde. Ich gebe Ihnen nun kurz die Gelegenheit, das Buch empört mit einem lauten Knall zuzuschlagen. Fertig? Ich weiß, Millionen und Abermillionen Leser werden jetzt auf die Palme gehen, den Kopf schütteln, Leserbriefe verfassen – gibt es das überhaupt noch? So richtig auf Papier? Ach, das wäre toll! Können Sie mir Thermomix-Entrüstungsleserbriefe auf Papier schicken? Der schönste gewinnt ein

Glas Suppe, die ich mit meinem Pürierstab selbst hergestellt habe.

Ein Gerät, das schon mehrmals den Weg von oben nach unten in den Keller und wieder nach oben angetreten hat, ist der Sandwichmaker. Kennen Sie den? Das ist eine Art Toaster, mit dem man dicke Sandwichscheiben dreieckig brennen kann. Dazwischen kommen Gürkchen, Soßen, Schinken und gerne Käse zum Überbacken. Und je voller man sie macht, desto mehr Schlotze quillt beim Toasten an der Seite raus. Was natürlich super lecker riecht und auch noch mega aussieht. Allerdings nervt es schon ein bisschen, den getrockneten Cheddar aus den Lüfterrillen zu popeln, während man denkt: Hoffentlich ist das wirklich getrockneter Cheddar. Das Gerät ist ein Relikt aus meiner Jugend und stand schon in den Achtzigern bei meinen Eltern im Regal. Ich gehe mal davon aus, dass der wie die alten Staubsauger mindestens 2000 Watt hat und dass man damit zur Not auch Gold schmelzen könnte.

Als ich selbst Kinder bekam, hat meine Mutter ihn mir feierlich übergeben, mit den Worten: »Hier! Der soll nun dir gehören und deine Familie ernähren.« Im Prinzip war sie einfach froh um den Platz in ihrem Regal.

Ähnlich verhält es sich mit der Nudelwalze, die mein Vater in den frühen Achtzigern erstanden hat, weil wir eine sehr mediterrane Familie sind. Das ist so eine Art Mangel, durch die man Teig drehen kann, und auf der anderen Seite kommen dann Nudeln raus. Wurde in meiner Jugend dann und wann eingesetzt, und dann und wann kamen auch tatsächlich Nudeln raus, manchmal aber auch nur einfach derselbe Teig in noch matschigerer Form, den man auf der anderen Seite reingeschoben hatte. Diese Maschine fand ihren Weg vom Keller meines Elternhauses in meinen eigenen Keller. Man muss aber erwähnen, dass sie nicht abgeschoben wurde. Ich habe bei meiner Mutter direkt danach gefragt. Dennoch fand sie den Weg in unsere Küche bisher noch gar nicht.

Einige Kellergeräte kann man als Gruppe zusammenfassen, wie zum Beispiel die Zuckerwattemaschine, den Schokobrunnen (elektro), den Schokobrunnen (mini), den Donut-Maker und die Popcakeformen. Theoretisch könnte ich eine komplette Kirmes bei mir im Keller veranstalten – mit *Hello-Kitty*-Toast.

Die Popcornmaschine klammere ich bewusst aus, denn die steht oben. Die habe ich gerade erst von meinem Manager geschenkt bekommen. Ja, der Mann weiß, was ich brauche! Sie ist vor zwei Tagen angekommen und wartet auf ihre erste Ladung Popcornmais (bei REWE war der gestern tatsächlich ausverkauft). Sie wird wohl auch oben bleiben, und dann wird täglich gepoppt. (Hören Sie sofort auf, das zu denken!)

Ein Kollege von mir ist Popcornexperte und schwört auf das Gerät. Sicher: Die Kids lieben es, das Corn in einer Pfanne mit Deckel poppen zu sehen, aber ich sag mal so: Leben auf dem Mars ist wahrscheinlicher, als dass man Popcorn in einer Pfanne ordentlich erhitzt, OHNE dass irgendetwas anbrennt. Also weder das Corn noch der Zucker, noch die Butter. Denn was macht diese Maschine, was unsereins nicht kann: Sie rührt. Wenn wir den Deckel lüften, wird aus dem Popcorn Hüpfcorn, das überall durch die Küche fliegt – was Kinder auch nur so lange witzig finden, bis sie mit verbranntem Popcorn vor dem Fernseher sitzen, das komisch nach Fuß und Fusseln schmeckt. Die Popcornmaschine ist ein in sich geschlossenes Ökosystem. Sind die Zutaten erst mal drin, gelingt der Gaumenschmaus immer. Und zählen lernen Kids dadurch auch noch. Wenn du bis drei zählen kannst, ohne dass es ploppt, ist das Popcorn fertig. Zählst du stattdessen bis zehn, schmeckt es wie aus der Pfanne. Zählst du bis hundert, kommt die Feuerwehr. Tipp von meinem Kollegen: es nicht mit Zucker und Öl übertreiben und am besten das gute Öl mit Buttergeschmack nehmen! Das soll himmlisch sein. Da ist es auch nicht so schlimm, wenn der Zahnarzt noch Wochen später diese kleinen gelben Popcornhülsen in den Zahnzwischenräumen findet. Das ist nur der Beweis, dass man ein echter Popcornliebhaber ist!

Zurück zu den Kellergeräten. Der Rest der Geräte kommt nur zu Partys oder Kindergeburtstagen an den Start, und dann bin ich die Heldin der Stunde. Gut, nach dem ersten Einsatz des elektrischen Schokobrunnens mussten wir die Küche renovieren, die Popcakes waren schleimig, die Zuckerwatte wurde nur so groß wie ein Wattestäbchen, und die Donuts verbrannten, aber ansonsten ... Bingo Bongo!

Ein Wort noch zum Schokobrunnen: Der ist überschätzter als ... Hier könnte noch ein Gag Ihrer Wahl stehen. Wenn Sie jemals im Schokomuseum von Köln waren, dann wissen

Sie, was ein echter Schokobrunnen ist. Generationen von Kindern pilgern zu diesem Schokobrunnen wie die Christen nach Rom oder die Muslime nach Mekka. Und glauben Sie mir, jedes Kind, das einmal die Waffel ausgehändigt und im Braunen Meer versenkt hat, erlebt wahrhaftige Erlösung. Da ist es auch egal, wenn man vorher stundenlang von seinen Eltern mit angeblich ach so interessanten Fakten zum Thema Schokolade gefüttert wurde. Es ist auch egal, dass die Kids teilweise mehrere Minuten – das muss man sich mal vorstellen – anstehen müssen. All das wird geduldig ertragen für diesen einen Moment puren Glücks, wenn der kleine Leon oder die kleine Leonie von der Schokolade kosten! Ich habe mich schon oft gefragt, wie viele Kinder sich bis nach Museumsschluss hinter irgendwelchen Kakaosäcken verstecken wollten, um dann mit einem gebrüllten Halali in den Brunnen zu springen. Ich für meinen Teil hatte diese Phantasie schon früher, aber leider waren alle Kakaosäcke zum Verstecken schon besetzt.

Bleiben wir im Partybereich. Zwei Partypilze für Käsepicker, einer original aus den Siebzigern geerbt und den anderen dazugekauft, weil er so toll aussah wie in den Siebzigern. Macht Sinn. Insgesamt finden zweimal zweiunddreißig Käsespieße darauf Platz. Bei uns bestehen sie aus einem Klötzchen Käse und einer Traube. Problem: die vierundzwanzig Partypicker-Ameisen, die tragen nämlich den Stachel zum Käsepicken oben auf dem Rücken, können also nicht in den Pilz gesteckt werden, sonst stünden sie ja Kopf, sondern sie laufen, mit ihrer meist holländischen Fracht, noch zusätzlich über den Partytisch. Heißt, insgesamt achtundachtzig Käse-Ensembles wollen verspeist werden. Wir sind zu viert. Bleiben acht Spieße für die Gäste.

Gott sei Dank haben wir ja noch das Käsefondue-Set für sechs Personen, die Raclette-Eisen für insgesamt zweiundzwanzig Personen und den Käseabrollhobel für den »Tête de Moine«. Würde alles gleichzeitig bedient, könnten wir locker rund vierzig Gästen komplett den Magen verschließen.

Soll Fleisch auf den Tisch, stehen wir dem in nix nach. Fleisch kann ich unglaublich gut. Da kann man frei wählen: gesotten, gebraten, gegart, frittiert, fonduet, roh, gegrillt und, und, und. Muss es schnell gehen und kommt die Party spontan, reiße ich im spanischen Supermarkt in Köln ein Schweinebein und schraube es am Serranoschinkenhalter fest. Fondue geht ja bei uns, wie gesagt, immer. Fett lagert im Kühlschrank, und stehen spontan mal zweiunddreißig Leute vor der Türe, na und?, dann hole ich eben die drei klassischen Fondue-Sets aus dem Keller, nehme das elektrische, welches ich immer auf meinem Nachtschränkchen griffbereit habe, dazu – und los geht's!

Im Sommer läuft dann durchgängig der Gasgrill. Wir arbeiten gar nicht mehr mit Flaschen, sondern haben heimlich den Gasanschluss an unserer Straße angezapft. Zugegebenermaßen sollte ich erwähnen, dass der Gasgrill nur unter meinem Protest in den Garten eingezogen ist. Mir war das suspekt und ich fand es wahnsinnig unromantisch. Zu präsent sind noch die Erinnerungen an meine Kindheit, in der mein Vater wild wedelnd oder mit Fön im Garten stand und das Feuer entfachte. Der Geruch anbrennender Kohle ist einfach versöhnlich. Außerdem zündele ich doch selber so gerne. Und dann kam der Gasgrill. Aus Protest habe ich mir in einem Deko-Laden einen Kohle-Damengrill gekauft. Der besteht aus einer großen, weißen Keramikschüssel, in der eine kleine Stahlschale liegt, auf dieser wiederum ein Grillgitterchen. In die Schale kommen vier bis fünf Kohlestückchen, Feuer an, los geht's. Okay, es passen tatsächlich nur drei bis vier kleine Nürnberger Würstchen darauf, aber es ist ja auch ein Damengrill, und Damen essen ja nicht so viel. Quatsch!

Mit der Zeit musste ich erkennen, dass der Gasgrill irre praktisch und wahnsinnig schnell einzuschalten ist. Deswegen läuft er auch vierundzwanzig Stunden bei uns. Meine Familie hatte allerdings Angst, wenn ich manchmal aus Nostalgiegründen in der Gartenecke heimlich angefangen habe zu zündeln. Um mich zu beschäftigen, bekam ich zum Geburtstag eine Feuerschale und zum Geburtstag darauf einen Gartenofen. Da kann ich nun ganz toll Feuer machen. Und während die Jungs den Gasgrill bestücken und dort auch schon Kunstwerke auf unserem Pizzastein oder dem Beefer hervorgebracht haben, sitzt Mutti mit schwarzem Haar und Gesicht am Feuerkorb und räuchert erinnerungsgeschwängert die komplette Nachbarschaft ein. Da meine Getränke am Feuerkorb sehr schnell warm werden, nehme ich dann oft meinen LED-Sektkühler mit raus.

Dann sieht man auch, wo ich hocke, sollte das Feuer mal nicht angehen.

Der Eiscrusher ist komplett aus Plastik und viel zu schwach, um überhaupt auch nur ein Stück Eis klein zu kriegen. Er steht deswegen auch gaaanz weit hinten im Barschrank. Es gibt wohl auch mühlenartige Kurbelgeräte, aber die sind so laut, dass sie alles übertönen. Auch Partysmalltalk. Da fällt mir ein ... Vielleicht sollte ich so einen mal bestellen. Man weiß ja nie, wer vorbeikommt.

Und ja! Richtig gelesen! Ich habe einen Barschrank im Wohnzimmer. Das liegt vielleicht daran, dass ich so gerne *Denver* und *Dallas* geguckt habe und immer ganz neidisch war, wenn die nach der Arbeit zu ihrem kleinen Barwagen gegangen sind, um sich einen Drink zu genehmigen. Haben Sie mal *Dallas*-Saufen gespielt? – Das ist toll! Geht so: Sie müssen sich eine Lieblingsfigur aussuchen, z.B. J.R. oder Bobby oder aber auch Sue Ellen. Dann machen Sie eine Folge *Dallas* an, und jeder vor dem Fernseher muss immer genau das trinken, was seine Spielfigur in dieser Folge auch trinkt. Ich kann nur eins sagen: Wer das bis zum Ende durchhält, Respekt! Jede Folge geht so ungefähr fünfzig Minuten, und da wird ordentlich was weggebechert.

Dasselbe geht auch als Sissi-Saufen. Da schaut man Sissi-Filme und immer, wenn einer »Eure Majestät« ruft, trinkt man einen Kurzen. Das war's. Da kommt kein Witz. Das ist schließlich lustig genug, wenn man das macht.

Zurück zu meinem Barwagen. So ein Barwagen ist mit Kindern einfach nicht praktisch. Sind sie klein, trinken sie dir aus Versehen alles weg, und das ist für sie sehr ungesund. Sind sie groß, saufen sie das Zeug absichtlich, und das ist auch nicht viel besser. Also gibt es bei mir einen Barschrank zum Abschließen. Darin stehen Wein, Likör und auch schon mal ein schöner Himbeergeist. Ganz hinten der schwachbrüstige Eiscrusher, ein ganz alter Heimsiphon, für den es gar keine Ladung mehr gibt, sieht aber gut aus, der LED-Sektkühler und natürlich auch ein Cocktail-Shaker. Okay, zwei oder drei Cocktail-Shaker, da so was auch ein schönes Verlegenheitsgeschenk ist, wenn man mal eingeladen ist. Diese wurden aber auch schon ein- bis zweimal benutzt, oder zumindest einer davon.

Cocktailgeschmack ist ja auch so eine Sache für sich. Als ich letztens Gast beim *Buchstaben Battle* war und Ruth Moschner mich fragte, welches Getränk ich wohl wäre, habe ich spontan gesagt: Wurstwasser-Cocktail. Und ich habe recht, was mich angeht. Im Getränkebereich benehme ich mich eher männlich. Aperol Spritz oder Hugo kann man mir mal geben, und ja, wenn der Prosecco wegmuss, trinke ich den wohl auch. Würde man mir aber die freie Wahl lassen, würde ich auf Rotwein oder ein ehrliches Bier zurückgreifen. Ich finde ja, dass ich irgendwann von Sekt immer ganz schlimmen Schaum im Hals bekomme, und wenn der Prosecco zu säurehaltig ist, kann ich die schönsten Flammen aus meinem Rachen werfen. Im Cocktailbereich ist das ähnlich. Da bin ich eher eine Herzhafte als eine Süße. Mit einer ananassen Piña Colada kann man mir getrost vom Leib bleiben. Aber ein schöner Basil Smash mit lecker Gin, Zitrone, Zuckersirup und Basilikum oder eine Bloody Mary aus Wodka plus Tomatensaft? – Her damit!

Als ich mit meiner Band einmal auf der Tour in Mannheim in einem sehr schicken Hotel mit einer absoluten Szene-Bar war, wollte ich was Neues probieren. Ich war dieser hippen Getränke überdrüssig. Also versuchte ich mein Glück beim Cocktail-Mann. Der Getränkemischer an der Bar war allerdings cool. So cool. Der konnte Wasser mit bloßen Händen in Eiswürfel verwandeln und mit seinem Augenaufschlag wenig später in Crushed-Ice. Also ... dachte ER!

Kennen Sie diese Männer, die aussehen wie ein Abziehbildchen? Wunderhübsch, muskulös und bereits beim ersten Augenkontakt gibt es ein Zwinkern? Da bin ich raus! Kann ich nicht ernst nehmen. Muss ich kichern.

Zur Ehrenrettung aller Schönlinge muss ich sagen, dass auch ich nicht der Favorit dieser Männer bin. Die wollen ein hübsches, dünnes Mädchen, das lächelt und sie anhimmelt, und kein pummeliges Ding mit großer Klappe. Pummelig ja nur, wenn es gerade schlecht läuft. Wissen wir ja schon.

Egal! Dieser Typ da in Mannheim fand sich cool und mich maximal »okay«. Auch als ich ihn bat, mich doch mal mit einem herzhaften Cocktail zu überraschen. Herzhaft ist für diese Menschen anscheinend dasselbe, wie wenn man ins Autohaus geht und sagt: »Haben Sie ein Auto, das gut riecht?«

Ich wollte also was »Herzhaftes«, und dieses Mal bitte keine Bloody Mary und keinen Basil Smash. Als er dann zynisch fragte, was ich mir denn sonst so vorstellen würde, sagte ich: »Am liebsten hätte ich einen Cocktail aus Wurstwasser.« Unnötig zu erwähnen, dass ich den Rest des Abends beim Bier verbrachte und mir aber auch einfach gar nicht mehr zugezwinkert wurde.

Also, eine Bitte an alle hübschen Barkeeper, die dieses Buch lesen – und es werden einige sein! Wer mir ein tolles Rezept zu einem Wurstwasser-Cocktail schickt, bekommt denselben dann von mir kreiert, wenn er mich auf meiner Tour besucht. Es darf auch ein Rote-Beete-Saft-Cocktail oder was Tolles mit Gurkenwasser sein. Ich frage mich gerade, ob sich das nicht eher nach einer Drohung anhört. Macht nix! Her mit den Rezepten!

By the way, du musst kein hübscher Barkeeper sein. Alle fröhlichen Alkoholisten sind herzlich eingeladen mitzumachen.

Zurück an den Barschrank! Meine größte Errungenschaft ist hier der Olivenschneckenkreiselteller. Kennen Sie diese schmalen Olivenschiffchen, wo die Oliven polonäseartig in einer Reihe aufgereiht hintereinander liegen? Fast wie eine traurige Kindergartenkette, wo keiner einen Freund an die Hand nehmen darf, weil die Straße zu eng ist? So was hat ja jeder. Aber ich, ich habe einen Olivenschneckenkreiselteller. Das ist ein Teller, der aussieht wie ein Kreiselgang oder ein flaches Schneckenhaus. Da kann man die Oliven auch einreihig hintereinander reinlegen und kreisend fröhlich wegessen, bis einem schwindelig ist.

Ach ja, der M&M-Spender steht auch da drin. Ein Fund vom Flohmarkt. Ein rotes M&M-Männchen, das einen Arm nach oben hält, und dieser ist knickbar. Oben kann man durch eine Luke M&Ms einfüllen, und knickt man dann den Arm nach unten, fallen sie durch eine Öffnung unten wieder heraus. Tatsächlich gehen da wirklich nur M&Ms durch. Das ist extra so gemacht, wegen der Verkaufsstrategie. Meine Kinder und ich haben das einmal mit Cola-Krachern versucht und sind erbärmlich gescheitert. Die eine Hälfte zerbröselte, und der Rest blieb drin stecken. Zum Glück ist der M&M-Spender nicht mit dem zuvor beschriebenen Killertoaster verwandt, weswegen wir uns unter größter Mutanstrengung getraut haben, die Cola-Kracher aus dem Spender zu ... Sie denken, wir hätten sie rausgefummelt, nicht wahr? Fast! Wir haben sie natürlich rausgeleckt. Das war ein Spaß. Aber im Ernst: Leider kann man dieses Männchen nicht aufschrauben. Also musste ich den Rest der Cola-Kracher mit Hochdruck rausspülen. Leider ist das M&M-Männchen nie mehr ganz getrocknet und öffnet man oben die Luke, riecht es nach einem Gemisch aus Brackwasser und Cola-Krachern. Der Arm lässt sich auch nicht mehr richtig bewegen, aber ich kann mich einfach nicht davon trennen. Es steht gaaanz hinten, hinter dem Franzbranntwein, den man sowieso lieber zum Einreiben bei Muskelkater benutzen sollte, als ihn oral zu sich zu nehmen.

Hat man sich dann am Barschrank ordentlich ausgestrichen, braucht man natürlich einen Kaffee.

Auch in diesem Bereich befindet man sich bei uns im Taka-Tuka-Land. Drei Kaffeemaschinen im Keller außer Betrieb, eine noch mit Originalfilterkaffee und zwei von denen, wo man im Supermarkt immer wieder Kapseln oder Pads kauft, um zu Hause dann festzustellen, dass genau die anderen gepasst hätten.

In der Küche glänzt der Star des Haushalts: ein Siebträgerendgerät! Die sind ja a) teuer und b) für manche Menschen in der Anschaffung und im Vergleich, welche die beste Maschine sein könnte, eine Lebensaufgabe. Ich habe an dieser Stelle etwas irrsinnig Schlaues gemacht. Gewartet, bis mein großer Bruder, der im Rahmen seiner Recherche sogar einen Barista-Kurs gemacht hat, fertig mit seiner Kaffeemaschinen-Doktorarbeit war, und dann die Maschine gekauft, die er auch für seine Familie ausgesucht hatte. Da steht sie nun! Ta-da!

Was haben wir nicht schon alles mit ihr erlebt! Schöne und schlimme Dinge. Das schlimmste Ding war, als mein größerer Sohn, damals sechs Jahre alt, mit seinem kleinen Bruder tagsüber »Fangroboter«, oder wie auch immer dieses Spiel heißt, spielen wollte. Dafür müssen natürlich alle Rollläden zugemacht werde. Ist ja klar. Bei diesem Vorhaben ist er in seiner Wollstrumpfhose auf die Arbeitsplatte in der Küche neben den Siebträger geklettert, um auf den Rollladenknopf zu drücken. Dabei ist er unglücklicherweise am Hebel für den heißen Milchaufschäumerwasserdampf hängen geblieben. Genau dieser Wasserdampf befeuerte sein kleines Strumpfhosenbein mehrere Sekunden, was reichte, um eine Verbrennung zweiten Grades hervorzurufen. Was folgte, war das volle Programm: Krankenhaus-Notaufnahme, Bein wurde versorgt, achtundvierzig Stunden später OP unter Vollnarkose, und auf die großflächige Verbrennung wurde eine Art Kunsthaut gelegt, die sich mit dem Ausheilen der Wunde verflüchtigen würde. Dann noch zwei Nächte mit Mami zur Beobachtung im Krankenhaus, eine Woche Couch und Trost-Schleckeis zu Hause und dann, mit einer Schiene am Bein, stolz zurück in die Schule humpeln. Und nun atmen Sie bitte alle wieder auf. Heute, vier Jahre später, sieht man tatsächlich nichts mehr davon. Man muss ganz genau hingucken, und selbst dann nicht. Trotzdem habe ich mit der Maschine damals sehr geschimpft. Okay, das war schlimm – das war wirklich schlimm. Auch wenn ich es jetzt hier so als Anekdote dahererzähle. Wirklich. Auch ich brauchte eine Menge Trost-Schleckeis in dieser Zeit. Aber die Maschine ist auch nicht einfach so davongekommen, brauchen Sie gar nicht zu glauben!

In der anderen Küchenecke steht wie ein Mahnmal meine kleine Nespresso-Maschine, mit der ich mir oft aus Strafe für den Siebträger einen Espresso bereite. Nun trägt mein Großer aber auch keine Strumpfhosen mehr, weil das mit zehn total uncool ist. Und »Fangroboter«, oder wie das heißt, wird auch schon lange nicht mehr gespielt.

Mit Einzug des Siebträgers wurden auch der eine elektronische, die drei batteriebetriebenen und die vier Hand-Milchschäumer wenn auch nicht weggeworfen, so doch zumindest in den Keller verfrachtet, weil es ja, wie gesagt, diesen einen tollen Hebel gibt, der nicht nur Beinhaut wegfräsen kann, sondern auch ganz herrlichen Milchschaum herstellt. Zwei elektrische Kaffeemühlen umrahmen die Maschine. Einmal für den Kaffee mit Wums! Und einmal für die Kreislaufschwachen ohne Koffein.

Ist Wochenende oder Besuch da, kommt schon mal das Waffeleisen zum Einsatz. Es ist noch das Original-Waffeleisen meiner Oma Erna in Beige mit hellen und dunkelbraunen Blumen oben auf dem Deckel. Das Kabel hat mehrfachen Kabelbrand hinter sich. Wurde aber immer wieder zwar unfachmännisch, aber erfolgreich geflickt.

Die Backformen, der Mixer und das Mini-Brezel-Backblech sind wirklich nur selten in Betrieb. Ich bin nicht im Bereich der Bundesliga, was das Backen von Kuchen angeht, und ich flippe auch schon gerne einmal bei einer einfachen Backmischung aus. Würde ich beim großen Promi-Backen mitmachen, wären wir sicher Zeuge bei einem der größten Fernsehskandale der Welt.

Falls aber einer einen leckeren Saft haben will, das kann ich! Ich besitze eine Elektrosaftpresse, einen großen und einen kleinen Entsafter. Vor ein paar Monaten erzählte mir eine Maskenbildnerin, dass der Saft von Selleriestangen total gut für Haut, Haar und Entschlackung sei. Bei Haut, Haar und Entschlackung bin ich sofort am Start. Was braucht man für den Saft von Sellerie? – Einen Entsafter! Hatte ich nicht, nun habe ich zwei! Den großen habe ich von meinem Bruder bekommen, der seinen einfach loswerden wollte. Leider fehlt da ein entscheidendes Teil. Heißt, verwenden kann ich den nicht, und der steht seitdem wo? – Richtig: im Keller! Mein Freund kaufte mir daraufhin den kleinen Entsafter, und drei bis vier Wochen habe ich wie verrückt Sellerie entsaftet. Sieht fies aus, schmeckt auch gar nicht mal so toll, aber ich habe nun natürlich ganz wundervolles Haar und auch wundervolle Haut und bin fast wegentschlackt. Drei Wochen Sellerie reicht natürlich. Der Entsafter landete im Keller bei seinem großen Bruder. Er steht um die Ecke von der elektrischen Fleischmühle, ebenfalls von Oma Erna geerbt. Mit dieser kann man super Fleisch durch den Wolf drehen, oder eben durch die Mühle, wie der Name schon sagt. Oder aber mit rohen Kartoffeln den Teig für Reibekuchen herstellen. Da meine Oma aber in meinen Augen auch die Reibekuchenkönigin vom Niederrhein ist, habe ich mich da nie herangewagt.

Das Ultraschallreinigungsgerät hat mein Freund gekauft, und ich habe bis heute noch nicht ganz verstanden, was man im Speziellen damit reinigt. Mehrmals habe ich abends versucht, die Füße meiner Söhne damit sauberzumachen. Geht aber nicht. Falls sie beim Insbettgehen aber noch müffeln, kann man sie zur Not ganz herrlich mit meinem Vakuumiergerät einfach einvakuumieren. Gewusst wie!

Den Abschluss dieses Kapitels soll ein kontrovers diskutiertes Gerät bilden. Der Eierkocher! Was soll es? Kocht man Einer nicht einfach in einem Topf mit Wasser? Wenn sie weich sein sollen kürzer, und für hart länger? Warum, zum Teufel, brauche ich dazu ein Steckdosengerät, das ich mit Wasser füllen muss, das dann irgendwann piept und woran ich mir elendig die Pfoten verbrenne, wenn ich versuche, die Eier herauszuholen. Topf, Ei, Wasser, Stoppuhr, fertig!

Das absolute Lieblingszubehör in meiner Küche ist hingegen ein kleines, gelbes Kästchen mit einem roten Ypsilon auf dem Deckel. Es handelt sich um die Maschine, die viereckige Eier macht. Stammt aus dem *Yps*-Heft 1/2013 mit Gimmick-Nr. 1259: »Viereckige Eiermaschine«. Die ist wirklich toll und wirklich sinnvoll. Du kochst ein wachsweiches Ei. Dazu brauchst du ein Ei, Wasser und einen Kochtopf, dann pellst du das und legst es noch warm in dieses kleine Zauberkästchen, Hebel zu und ab in den Kühlschrank. Keine zwei Stunden später hast du bereits ein tolles, wachsweiches viereckiges Ei. Was gibt es denn Schöneres?

Brücken aus Mett

Ich weiß nicht, ob es in diesem Buch schon Thema war, dass ich gerne Fleisch esse. Haben wir schon über Mettbrötchen gesprochen? Ich glaube nicht. Höchste Zeit! Nicht, dass ich das verpasse. Bereite ich den Mettklops selber zu, oder die Kuh auf dem Grill, möchte ich natürlich an dieser Stelle dringend erwähnen, dass ich darauf achte, dass es bio ist, dass die Tiere glücklich waren zu ihren Lebzeiten, dass die Umwelt möglichst wenig belastet wurde, und, und, und. Klar, das geht nicht immer, und bei der Raststättenrestfleischfrikadelle auf der Tour muss man auch schon mal Abstriche machen. Aber ja! Ich esse gerne Fleisch.

Kennen Sie diese lustige Postkarte auf der steht: »Mett kneten ist wie Tiere streicheln, nur später«? Ich freue mich drüber. Aber, aber, aber niemals in meinem Leben würde ich es mir anmaßen, einen Vegetarier oder gar Veganer missionieren zu wollen, sich doch mal einen fetten Braten zu gönnen. Jedem Tierchen sein Pläsierchen. Jeder ist seines eigenen Glückes Schmied. Über Geschmack lässt sich nicht streiten. Leben und leben lassen, wie der Kölner abschließend sagen würde.

Jetzt kommen wir aber zum Umkehrschluss: ICH

MÖCHTE BITTE AUCH NICHT MISSIONIERT WERDEN! Zack! Jetzt ist es raus. Trotzdem will ich eine Brücke bauen zu diesen Menschen. Wir können dennoch Freunde sein, oder etwa nicht? Ich möchte ihnen zubrüllen: »Hey, ich hab euch trotzdem lieb!« Gerne reiche ich den Veganern die Hand, und das ist der Knackpunkt: Wie kann ich ihnen die eine Hand reichen, wenn ich in der anderen ein Mettbrötchen halte?

Genauso verhält es sich mit unseren türkischen Mitmenschen. Ich liebe Multikulti, ich liebe Döner, aber wie vereine ich Mett und den Orient? – Okay, Mett kommt im Orient vor, man denke nur an Ach-mett, den türkischen Männernamen. Ach-mett, übersetzt heißt das so viel wie »Der mit dem sanften Zwiebelatem«. Oder hier, der andere Name, mit der Bedeutung »Der, der von Mett nicht genug haben kann«: Meh-mett. Oder, unausweichliches Schicksal: Kis-mett. Aber sonst, da ist Mett schon ein Problem, denn was ist in Mett drin? Genau! Alles! Und zwar alles vom Schwein. Wobei man sagen muss, die Discounter geben sich echt Mühe, dass in Mett nur noch ganz, ganz wenig Tier drin ist. Aber, egal, Mett ist nicht halal. Kennen Sie, oder? Halal ist arabisch und bedeutet so viel wie »erlaubt«. Linsensuppe: halal, Döner: oberhalal, Mett: minushalal. Nicht erlaubt heißt haram.

Im Islam ist es verboten, Schweinefleisch zu essen, denn, Achtung: Schweine sind eklige Tiere! Krasse News, oder? Haben Sie einmal in einen Schweinestall geguckt? Mal die Nase reingehalten? Oder mal gesehen, wo Schweine ihre Nase reinhalten? Richtig, Schweine sind fies! Deswegen gibt es auch diese lustigen Schimpfwörter mit all den Schweinereien, Sauereien und Ferkeleien. Gar nicht so doof also, dass Schweine verboten sind. Aber Mett ist aus Schwein. Das war auch schon bei Oma so. Also, was machen wir? Gibt es Alternativen? Gibt es: Hack!

Haben Sie schon mal pures Hack gegessen? Tatar mit Ei, das Sushi vom Rhein? ... mmmhhh! Hack klingt schon so: hack, hack, hack. Da tun mir die Tiere leid. Oh, so ein süßes Kälbchen, jetzt ist es Hack, Hack, Hack. Ich glaube, es hackt. Also, Hack scheidet aus, auch vom Geflügel. Gibt es weitere Alternativen für Mett? Vielleicht ein Mettadonprogramm?!

Veganes Mett? Richtig, das ist komplett verrückt, oder? Aber im Ernst, wenn ich Vegetarier bin oder sogar Veganer, wenn ich es zu Recht schlimm finde, dass Tiere leiden müssen, warum zur Hölle habe ich dann Bock auf veganes Mett?!

Zur Erinnerung: Mett ist eine rohe, pürierte Tierleiche, bestehend aus Muskeln, Fett und Teilen, die ich gar nicht wissen will. Warum will ich als Veganer etwas essen, das mich daran erinnert? Selbst wir Fleischfresser packen uns da ein Pfund Zwiebeln drauf, Pfeffer und Salz, vielleicht noch Schnittlauch und unten die gute Butter aufs Brötchen, nur damit es nicht allzu sehr an rosa Kadaver erinnert. Aber wir stehen dazu.

Haben Sie mal im Internet ein Rezept für veganes Mett gelesen? Ich habe es recherchiert. Man braucht zwei Zwiebeln, Paprikapulver, Knoblauchpulver, Salz und Pfeffer – klingt sogar richtig lecker, aber jetzt kommt's: Tomatenmark für die Farbe! Mit anderen Worten: »Kunstblut«. Das wird mit Wasser vermischt, denn dann hat man sehr viel Kunstblut. Und jetzt kommt der Knaller: Reiswaffeln! Sie wissen schon: Reiswaffeln! Das, was wir Frauen essen, wenn wir mal wieder abnehmen wollen. Die Teile, bei denen Sie denken, warum frisst meine Alte einen Bierdeckel? Man könnte auch 'nen Nippon nehmen und die Schokolade ablutschen, dann hat man dasselbe. Aber da sind wir auch schon beim Punkt: Wer von den Männern, die das hier gerade lesen, hatte schon mal eine Reiswaffel im Mund? Gucken Sie nicht so! Ich bin Kölnerin. Reiswaffeln sind wirklich das Harmloseste, was Männer hier in Köln im Mund haben können.

Also, was passiert mit einer Reiswaffel, wenn sie mit Flüssigkeit in Berührung kommt? In dem Fall rotes Tomatenmark, Wasser, Kunstblut. Richtig: Es matscht! Das matscht mehr als ein Feldweg in der Eifel im Winter. Und das soll veganes Mett sein? Kunstblutmatsche mit Zwiebeln? Aber die Kommentare darunter sind super. Kein Witz! Das steht da wirklich.

Zitat: »Gestern hatte ich bereits zum wiederholten Mal für das Mitbringbuffet unseres ökumenischen Gesprächskreises das vegane Mett zubereitet und dazu mein Lieblingsbrot gebacken. Ich habe es allerdings diesmal auch noch mit Curry-Ketchup und Steakpfeffer stärker gewürzt. Mit Zigeunersoße gab es bereits eine andere Variante.«

Ich sehe schon den ökumenische Gesprächskreis. Thema heute: Das vegane Mett von Dörte. Thema 2: Warum wir bitte nicht das Z-Wort sagen. Falls Sie sich gerade fragen: Welches Z-Wort? Zigeunersoße. Das ist Sprach-haram!

Oder hier! Auch ein schöner Kommentar zum veganen Mett im Internet: »Hilfe! Ich bin am Donnerstag zu einer veganen Halloween-Party eingeladen. Wollte meinen üblichen Hack-Mett-Igel mitbringen, aber mir wurde befohlen, einen veganen Mett-Igel nach diesem Rezept zu machen. Bitte um Hilfe! Ohne vernünftigen veganen Mett-Igel werde ich wahrscheinlich von allen Veganern auf der Party gemobbt.«

Er/Sie/divers wird gemobbt? Was haben die vor? Wollen die ihn mit 'ner Bio-Gurke pfählen?

Ich finde übrigens, dass die Lebensmittelforschung einen ziemlich einseitigen Trend verfolgt. So ist es den Wissenschaftlern gelungen, Fleisch ziemlich gut mit Erbsen, Soja und Co. nachzubauen. Aber umgekehrt? Fehlanzeige! Wo bleibt die Banane, die vollkommen aus Kuh besteht? Wer bringt Möhren auf Schweinebasis auf den Markt? Und stellen Sie sich doch mal bitte ein Rindercarpaccio vor, das nicht nur komplett nach Rucola aussieht, sondern auch so schmeckt! Vegetarisch und vegan ist hip. Die Gegenbewegung: »Ich ess alles aus Fleisch« ist nicht sichtbar. Sie hat nicht mal einen coolen Namen! Niemand sagt: Ich bin Fleischetarier! Ich ernähre mich ausschließlich wurstan!

Also: Woher kommt dieses Bedürfnis nach der pflanzlichen Nachbildung einer Tierleiche? Der Markt dafür ist riesig! Der Supermarkt ist voll davon! Meine Vermutung: Pflanzliche Fleischnachbauten richten sich nicht ausschließlich an Vegetarier und Veganer, sondern an tolerante Fleischfresser, die nach einer Gutes-Gewissen-Alternative suchen und mal was Verrücktes ausprobieren wollen. Also nicht so verrückt wie Bungee-Jumping vom Empire-State-Buildung oder Krokodilwrestling in Brasilien. Wobei ich eingefleischte Fleischesser kenne, für die es durchaus ein totaler Thrill wäre, mal in einen mit Rote-Beete-Saft angereicherten Erbsenpüree-Bratling zu beißen. Man könnte sogar noch weitergehen und folgende Verschwörungstheorie aufstellen: Veggie-Burger sollen Fleischfresser nach und nach zum Veganismus bekehren. Sie sollen sich abwenden vom heiligen Nackensteak und fortan zu Sankt Pastinake beten! Wir sollen systematisch umgedreht werden. Und das alles nur, damit keine Tiere leiden, weniger Wasser verbraucht und weniger Wald gerodet wird, weniger Methan in die Atmosphäre gepupst wird und, und, und. Moment, so schlimm klingt die Verschwörungstheorie gar nicht …! Und da haben wir auch schon das Dilemma: Die guten Argumente sind leider alle auf Seiten der Vegetarier und Veganer, und das lassen sie uns seeeehr häufig spüren. Und wer einmal dieses schlechte Gewissen hat, der beißt gerne mal in den pflanzlichen Fleischersatz. Nicht immer, aber ab und zu. Ich glaube auch nicht wirklich, dass Sojaerbsenpüree und Co. alle Fleischesser auf der Welt vollkommen umpolt, aber immerhin: Die Auswahl an Alternativen ist größer geworden. Und trotzdem muss es doch erlaubt sein, dass man gerne Fleisch isst. Einfach, weil es mir schmeckt – und weil es im besten Fall bio ist. Punkt.

Ein Kollege von mir verfolgt einen anderen Trend: Er rettet Fleisch. Systematisch sucht er die Wurst- und Fleischregale nach Lebensmitteln ab, die bald ablaufen. Nach dem

Motto: Was ist schlimmer als ein Schwein, das geschlachtet wurde? Ein Schwein, das geschlachtet wurde, um dann im Müll zu landen! Ob er dann wohl vor seinem Teller sitzt und denkt: Rumpsteak, du bist nicht umsonst gestorben! Sicher, er kann nicht alle toten Tiere retten, aber ein paar schon. Und er spart nebenbei noch Geld, weil alles runtergesetzt ist. Aber manchmal hat er trotzdem ein schlechtes Gewissen, denn am Ende unterstützt er doch den Überfluss der Wegwerfgesellschaft. Neulich hat er dann auch noch auf seiner Rettungsmission einen Aufkleber auf einer Wurstpackung gesehen, auf dem stand: »Läuft bald ab! Werde jetzt Lebensmittelretter!« Da wusste er: Ich bin nicht länger die Mutter Theresa des Wurstregals. Ich bin Zielgruppe!

Also: Man kann echt viel falsch und richtig-falsch machen bei dem Thema und sich noch mehr aufregen! Ich habe mich zu viel aufgeregt. Wo waren wir? – Richtig, das Mettproblem beim Brückenbauen. Ich habe keine Lösung. Mett ist Mett und bleibt Mett.

Obwohl, die Lösung ist doch am Ende viel einfacher. Wie ich sagte: Wir haben uns trotzdem einfach so lieb, wie wir sind, weil wir uns gegenseitig so sein lassen, wie wir sein wollen.

Papa

13. Mai 2021, Christi Himmelfahrt, 14:51 Uhr, Prost Papa!

Ja, richtig gelesen: 14:51 Uhr und Prost! Ein kaltes Pils auf meinen Dad. Kein Bier vor vier, da sch … ich heute drauf!

An welchem Tag, wenn nicht heute, sollte ich denn ein Kapitel über meinen Vater schreiben? Es ist Vatertag, und mein Papa ist seit drei Jahren und fünf Monaten verdammt nochmal einfach gar nicht mehr da. Das ganze nächste Kapitel gehört dir, Papa. Es gehört allen Papas dieser Welt und allen Kindern, die einen Papa haben oder hatten.

Mein Vater, der mich die meiste Zeit meines Lebens begleitete, der immer für mich da war und den ich nie vergessen werde. Ein Mensch, der sich seine Begeisterungsfähigkeit bis ins hohe Alter erhalten hat. Oft noch wie ein kleiner Junge kurz vor Weihnachten. Der mich, als ich noch klein war, ganz oben auf den Küchenschrank gesetzt hat und sagte: »Spring! Ich werde dich auffangen. Ich werde immer da sein und dich auffangen.« Und er war immer da und ist es auch heute noch, in mir drin.

Bevor wir aber alle losheulen, muss ich vielleicht erklären, warum dieses Machwerk nicht ohne ein Kapitel über meinen Vater auskommen kann.

Erstens, weil ich es so will.

Zweitens, weil es absolut Sinn ergibt, da dies das Buch meiner kulinarischen Reise ist und mein Vater der mit Abstand lebensmittelbejahendste Mensch der Welt war.

Damit Sie sich vorstellen können, über was und wen wir hier überhaupt sprechen, also ich, eine Beschreibung:

Mein Vater hatte eine eindrucksvolle Statur. Er war groß und stattlich. Er trug Brille und Vollbart. In den Siebzigern durchaus auch mal eine Zeitlang 'nen Schnurri. Das Haupthaar war schon etwas lichter. Und als Kind war man immer erstaunt, was da wohl passiert war, wenn mein Vater von seinem früheren lockigen, goldenen, vollen Haar erzählte. Lockig war es geblieben, aber eben nur noch kranzartig um seinen Kopf herum. Das Lustige war eine kleine Haarinsel ganz oben auf der Stirn, die sich hartnäckig hielt. In meiner Grundschulzeit war diese Insel durchaus noch etwas voller in der Vegetation.

Immer, wenn ich meinen Vater malte – und ich konnte das in der Grundschule natürlich noch nicht so unglaublich filigran wie heute –, ist mir diese Haarinsel stirnmäßig in der Darstellung sehr tief gerutscht. So gab es den einen oder anderen Betrachter meiner damaligen Kunst, der etwas konsterniert zurückblieb. Wohl aus Respekt vor meiner zarten Künstlerseele wurde ich damals nie direkt gefragt, ob mein Vater wirklich drei Augen hatte und eins davon mitten auf der Stirn.

Außerdem hatte er, nach Cassius Clay und meinem Opa Hilden, seinem Vater, die größten Hände, die ich jemals gesehen habe. Starke Hände, die einen halten konnten, wenn man Angst hatte. Die aber auch jede Flasche so doll zudrehen konnten, dass sie für immer verschlossen blieb.

Ich bilde mir ein, diese Flaschenkraft von ihm geerbt zu haben. Und ja, es stimmt! Ich kann Flaschen zumindest so doll zudrehen, dass ich oder meine Kinder sie nicht mehr aufbekommen. Nix im Vergleich zu den Kräften meines Vaters. Da wurde auch schon mal ein Wasserhahn mit solcher Kraft zugedreht, dass der Wasserhahnknüppel danach direkt mit abgedreht war.

Groß und stattlich war dieser Mann und innen drin ein zartes Lämmchen, denn er war ein großer Mann mit einem noch größeren Herzen. Klar konnte er auch ordentlich rumpoltern, aber am schönsten fand er es, wenn alle sich liebhatten. Hatte ich Liebeskummer, hörte er geduldig zu, mit Schweiß auf der Stirn, und übergab mich dann erleichtert der Obhut meiner Mutter für die Ratschläge.

Auch für Tiere hatte dieser Mensch ein großes Herz – nicht nur auf dem Teller, sondern durchaus auch in freier Wildbahn. Wenn im Frühjahr die Vögel anfingen die Kaulquappen aus dem Teich zu picken, rannte er raus, um das zu verhindern. Jede Fliege, jede Spinne, jedes kleine Getier wurde vorsichtig mit Glas nach draußen befördert. Und meine gestorbenen Fische, wenn sie auch noch so klein waren, durfte ich immer mit seiner Hilfe in einem seiner kleinen Pfeifenfilterdöschen im Garten begraben.

Einmal hätte es fast ein Unglück gegeben, als einer meiner Fische oben aus dem Aquarium hüpfte und zappelnd unter meinem Bett verschwand. Todesmutig warf mein Vater sich unter das Bett und kam mit blauen Flecken und übervoll mit Flusen, aber auch mit dem Fisch wieder zum Vorschein.

Meine Mutter ist da etwas pragmatischer. Sie zeigte mir irgendwann die Seebestattung. Klodeckel auf, toter Fisch rein, Spülung drücken! Dabei hielt sie eine flammende Rede darüber, dass das für den Fisch doch viel besser sei, da er bei einer eventuell akuten Ohnmacht in seinem Element Wasser wieder zu sich kommen würde. Aber das hat mich nie ganz überzeugt.

Ich erinnere mich an einen Urlaub in Gargano, als mein Vater aufgeregt brüllte, wir sollten schnell reinkommen, im Ferienapartment sei ein Skorpion. Wir kamen rein, und wir sahen den Skorpion. Und wir sahen ihn äußerst kurz! Meine Mutter folgte im Stechschritt und wollte irgendwie keinen Skorpion in der Bude haben. Es gab ein lautes »Klatsch!«, und der Skorpion hinterließ eine kleine Schleifspur auf seinem Weg nach draußen unter der Sohle des Schuhs meiner Mutter.

Das waren die Momente, wo der Haussegen kurz mal schiefhängen konnte.

Von Beruf war er Lehrer, muss ja, sonst könnte ich ja kein Lehrerkind sein. Sport, Mathe und naturwissenschaftliche Fächer waren seine Favoriten. Ich erinnere mich noch, wie akribisch er irgendwelche Versuche zu Hause vorbereitete, und auch daran, wie enttäuscht er dann war, wenn seine Schüler das nicht zu schätzen wussten oder es schlichtweg nicht kapierten.

In seiner Freizeit war er hobbymäßig als Fotograf unterwegs. Es gibt wahnsinnig viele Fotos von meiner frühsten Kindheit, auf denen ich stehe und mit großer Geste in die Ferne deute. Das fand er toll!

Unser gemeinsames Lieblingsfoto von mir zeigt mich mit Pottschnitt und Nickipulli auf einer Margeritenwiese. Er unterstützte sogar meine späteren Modelambitionen und baute im Keller ein kleines Fotostudio auf. Warum sie trotzdem nicht von Erfolg gekrönt wurden, wird ewig ein unverständliches Rätsel bleiben.

Es gibt so viel Tolles, das ich über meinen Vater berichten kann, ich könnte ein ganzes Buch über ihn verfassen, werde aber gerade zusehends wehmütiger und wollte ja im Grunde etwas über sein Essverhalten erzählen.

Bevor ich mich heute zum Schreiben hinsetzte, und vor allem bevor ich mir das Bier öffnete, bin ich auf den großen Barhocker im Wohnzimmer gestiegen.

Und ja, ich habe eine Bar im Wohnzimmer. Eine Bar aus rosa Samt! Na und? Ich bin also hochgestiegen und habe mir Band acht von *Meyers Großes Taschenlexikon in vierundzwanzig Bänden* aus dem Regal gezogen. Es ist eine Ausgabe von 2006, und ich weiß: Da gab es bereits Internet. In manchen Dingen bin ich eben etwas altmodisch, nachgerade romantisch verspielt. Genau diese vierundzwanzig Bände haben mir mein Vater und meine Mutter mal geschenkt, und heute nutze ich den Tag, um einen aufzuschlagen.

Ich befinde mich auf Seite zweitausendsiebenhunderteinundneunzig und lese »Gourmand, der« – Schlemmer, gefolgt von »Gourmet, der« – Feinschmecker. Auf der gegenüberliegenden Seite steht »Götze«, und stolz stelle ich fest, dass ich doch genügend Fachwissen habe, um zu denken, es folgt »Mario« – Spieler, Fußball, aber Irrtum. Das Lexikon ist von 2006. Da wird der »Götze« von Moritz, Maler und Grafiker umrankt. Egal. Ich war bei Gourmand und Gourmet. Mein Dad war definitiv ein Gourmand, ein Schlemmer, ein Genießer, einfach ein Mensch mit Esslust.

Meine Güte, was hat dieser Mann gerne gegessen!

Meine Güte, wie viel konnte dieser Mann essen! Und ich empfand es immer als Freude, ihm dabei zuzusehen, denn was man sah, war pures Glück. Ich war aber auch sein kleines Mädchen. Meine Mutter hatte da schon mal durchaus einen anderen Blickwinkel drauf: »Schatz, nun iss doch nicht so viel!«

Auf der anderen Seite gab es Momente, in denen sie dankbar war, den Gourmand an ihrer Seite zu haben. Es gibt wenig, was meine Mutter mehr hasst, als wenn sie im Restaurant Reste zurückgehen lassen muss. Als mein Vater noch lebte, gab es keine Reste. Aufopferungsvoll kümmerte er sich darum, zumindest bei den Tellern von mir und meiner Mum. Mein großer Bruder kann immer ganz gut alleine aufessen.

Natürlich ist das bei weitem nicht der einzige Grund. Dankbar sind wir alle, dass wir diesen großen, stämmigen Kerl mit dem unfassbar weichen Kern an unserer Seite hatten. Er konnte keiner Fliege etwas zuleide tun, aber wenn es um seine Familie ging, wurde er zum Raubtier.

So hat er meinen damaligen Schwimmlehrer im Schwitzkasten vom Dreimeterbrett gezerrt, als der mich mit vier Jahren vom selben, nicht ganz freiwillig, ins Wasser befördert hatte.

Mit den Worten: »Der Schwimmunterricht ist hiermit beendet«, hat er diesen Haderlump des Schwimmbades verwiesen. Da er selber Diplom-Sportlehrer war, beschloss er, dass ich alle Abzeichen bei ihm machen durfte. Dies wird er bitter bereut haben.

Da das ja mein lieber Papa war, habe ich alles andere gemacht als Schwimmübungen, sondern Sachen wie: »Guck mal, wie toll ich tauchen kann!«, »Guck mal, meine Arschbombe!«, »Guck mal, ich geh ins Schwimmbadrestaurant, Pommes holen!«

Was soll ich sagen? – Wir haben das Seepferdchen trotzdem geschafft. Aber natürlich nur wegen der unermüdlichen Geduld meines Vaters. Niemand hätte es ihm wohl übelnehmen können, hätte er mich auch mal auf dem Dreier »stolpern« lassen. Aber so war er nicht, mein toller Papa!

Bei uns war er nicht der reißende Löwenpapa, sondern eher die nach außen schnappende, nach innen sorgende Löwenmama. Nicht, dass Sie das jetzt falsch verstehen: Gendermäßig war die Rollenverteilung im Hause Boes ansonsten ganz normal.

Zum Raubtier wurde er eben auch, wenn es ums Essen ging. Auch er liebte Fleisch, aber auch Gemüse und Fisch und Pasta und Käse und Nachtisch und, und, und. Wenn ich so darüber nachdenke, könnte ich gar nicht genau sagen, was mein Vater eigentlich nicht mochte. Moment, ich whatsappe mal eben meiner Mutter. Wenn ein Mensch das weiß, dann sie. Ich werde später das Ergebnis wortgetreu wiedergeben.

Mein Vater hat aber nicht nur gerne gegessen, er hat dieses Essen auch mit Genuss selbst zubereitet. Nicht nur für sich, sondern für uns alle. Meist stand er am Herd. Er konnte das ausgesprochen gut. So ist und bleibt er ungekrönter Spaghetti-Carbonara-König. Fragen Sie bitte meine beste Freundin Martina danach. Sie wird das bestätigen.

Der Trick meines Vaters war, einfach nach seinem Bauchgefühl zu kochen. Und sein Bauchgefühl war Appetit und Geschmack. Es täuschte ihn nie. Da gab es kein genaues Rezept und keine besondere Zutat. Er war einfach ein Komponist des leckeren Kochens.

Pasta konnte er sowieso gut, da er sich, wie auch der Rest der Familie, mediterran fühlte. Es gibt da besonders ein Gericht, das mich immer wieder sehr an ihn erinnert: breite Bandnudeln mit Eier-Senfsauce. Mjam! Das hört sich jetzt nicht nach einem spektakulären Mahl an, aber es erinnert mich emotional so sehr an ihn.

Papa, ich weiß, du sitzt jetzt oben auf deiner Wolke, liest das hier mit und räusperst dich mit deiner sonoren Stimme. Klar gibt es unzählige weitere Speisen, die du toll zubereiten konntest, aber der Fischer Verlag hat gesagt, das hier soll nicht wirklich ein Kochbuch werden.

Schön war bei meinem Dad auch, dass nach dem Essen immer auch schon vor dem Essen war. War eine Mahlzeit vertilgt, überlegte er bereits, was er als Nächstes kochen oder wie er das gerade gegessene Mahl noch verbessern könnte.

Er kannte sich einfach aus im Lebensmittelalphabet. Von ihm stammt auch der Satz: »Jetzt brauchen wir erst einmal Fett.« Ja, er wusste, dass Fett Geschmacksträger Nummer eins ist. Da hielt er es mit Horst Lichter, lieber etwas Butter oder Öl mehr als zu wenig. Merkte man an, dass das Gericht ölmäßig aber doch eine gewisse Reichhaltigkeit aufwies, lenkte er mit vehementen Worten wie »... das ist doch das gute Olivenöl!« davon ab. Man kann sagen, was man will, es war immer lecker, und es war immer genug. Selbst mit dem plötzlichen Auftauchen von zehn Gästen konnte man Papa nicht ins Bockshorn jagen. Zack, einfach ein paar Nudeln mehr in den Topf: Herzlich willkommen!

Manchmal gab es einfach »Reis mit Scheiß«. Heißt, es war Sonntag, die Läden waren zu, und mein Vater zauberte dennoch ein kleines Festtagsmenü auf den Tisch, aus den Dingen, die im Haus waren. Da er gerne einkaufen ging, war auch meistens viel im Haus.

Stopp! Meine Mutter hat geantwortet. Hier ihre Antwort: »Papa mochte alles. Vielleicht nicht so gerne Salat oder Austern. GLG, auch von Gitta, Mama♥.« Das stimmt. Austern oder andere spezielle Meeresbewohner, die nicht Fisch waren, das war nicht so seins. Fisch an sich fand er gut, besonders paniert. Ein Klassiker war hier das Backfischbrötchen. Das gab es bei uns immer, wenn Kirmes war. Mein Bruder und ich profitierten von dieser Backfischliebhaberei unseres Vaters. Viele kleine Kirmesaufenthalte außer der Reihe waren hier drin. Papa schnell ein Fischbrötchen, mein Bruder und ich schnell noch eine Runde Autoscooter.

Mein Vater hat auch ganz neue Speisen entwickelt. Von ihm stammt zum Beispiel die berühmte »Kombischnitte«. Das ist einfach ein Brot, auf dem Wurst und Käse gleichzeitig übereinander draufliegen. Als meine Mutter meinen Vater dabei fragend anguckte, sagte er kopfschüttelnd: »Hä? Kombischnitte!«

Er konnte immer und überall essen: Im Urlaub, wenn es mittags vierzig Grad im Schatten waren und keiner etwas zu sich nehmen wollte, rief er fröhlich aus der Küche des Ferienhauses: »Kommt mal alle essen! Es gibt 'nen ganz flutschigen Nudelsalat.«

Benutzte mein Vater das Wort »flutschig«, wusste man mit Sicherheit, dass das Essen aber wirklich ganz leicht war. Gut, Sahne oder Mayo konnten da schon drin sein, aber flutschig war es.

War er auf einer Party, so konnte man sich sicher sein, dass er im Nachgang die komplette Speisenfolge runterbeten konnte. Kritisch wurde sie auseinandergenommen, aber meistens für gut befunden. Mein Gott, wie stolz wäre er gewesen, hätte er mich noch zu Lebzeiten in der Jury einer Kochsendung sitzen sehen.

Gefiel ihm ein Gericht besonders gut, rekonstruierte er es mit Hilfe seiner Phantasie. Das gelang ihm nicht immer. Entstand dann daraus ein fieses Machwerk, konnte er es aber immer zugeben. Weggeschmissen wurde es natürlich trotzdem nicht. Mit genug Soße drauf schmeckte auch das.

Als mein Papa starb, standen wir vor dem Grab und überlegten, was er von uns Kindern mit auf die Reise nehmen sollte. Ich entschied mich, wie bei meiner Oma, für ein gemeinsames Foto, damit er nie vergisst, wie ich aussehe. Mein Bruder gab ihm italienische Zitronenplätzchen mit auf den Weg, weil ja keiner weiß, wie lang dieser Weg eigentlich ist und ob man nicht zwischendurch eine Stärkung braucht.

Im Herzen ist er immer noch bei uns. Und immer, wenn ich etwas besonders Leckeres esse, denke ich noch mehr an ihn. Ich hoffe, er sitzt da oben in der Himmelsküche, wird verwöhnt und darf dann und wann auch mal selber an den Herd.

Danke, Papa! Danke fürs Genießen! Danke, dass ich heute genießen kann! Überhaupt, danke für alles!

Prost!

Bitte nicht schimpfen! Sachen, die nach nix schmecken

»Schrob« ich in diesem epochalen Werk nicht bereits mehr als ein Kapitel über Dinge, die ich sehr gerne esse? Und »lusen« Sie nicht auch schon bereits mehrmals, was mir nicht so gut schmeckt? Dann wird es doch höchste Zeit, mal darüber zu schreiben, welche Lebensmittel eigentlich nach nix schmecken, zumindest wenn man sie sich selbst überlässt.

Ich bin mir noch nicht so sicher, wie lang dieses Kapitel wohl wird oder ob es gleich auch schon wieder zu Ende ist, aber ich suche mal in meinem Hirn und Magen. Ich muss natürlich dazu sagen, dass es sich hier um offiziell und inoffiziell nach nichts schmeckende Lebensmittel handeln wird. Die offiziell nach nichts schmeckenden Lebensmittel sind die, bei denen Sie beim Lesen mit der Faust auf den Tisch hauen (lesen Sie im Bett, hauen Sie doch einfach mal mit der Faust auf Ihren Partner) und laut zustimmend brüllen: »Verdammte Hacke, da hat die Boes aber wirklich recht! Wäwäwäwä, schmeckt echt nach nix!«

Bei den inoffiziell nach nichts schmeckenden Lebensmitteln sprechen wir von denen, wo Sie wiederum denken: »Hä? Was stimmt denn mit dieser Frau nicht? Das ist doch voll lecker. Die ist doch auf allen Geschmacksknospen taub.«

Aber, wie heißt es doch so schön? Jeder hat einen anderen Geschmack. Ich habe als Kind gesagt, wenn ich etwas zum Anziehen haben wollte, das meine Mutter hässlich fand: »Mama, jeder hat ein anderes Gekuck!«

Außerdem, und ich weiß nicht, ob ich dies bereits ausreichend erwähnt habe: ICH SCHREIBE DIESES BUCH. ICH DARF ALLES LAFF FINDEN, WAS ICH WILL. DA KÖNNEN SIE GAR NICHTS GEGEN MACHEN! JETZT LASSEN SIE MICH DOCH EINFACH! ICH WEISS GAR NICHT, WARUM SIE HIER JETZT SO AGGRESSIV WERDEN! PÖH, SIE KÖNNEN DOCH GERNE ANDERER MEINUNG SEIN! DAS STIMMT DANN NUR EBEN NICHT!

Okay, sollen wir uns wieder vertragen? Im Grunde ist ja auch noch gar nichts passiert, oder? Können wir bitte wieder Freunde sein?

Und das geht an alle Lebensmittel, die im Folgenden erwähnt werden: Ihr seid toll. Ehrlich. Ihr seid ganz wichtige Lebensmittel mit einem mega Charakter und voll interessanten Inhaltsstoffen. Aber ich find euch leider doof. Deswegen will ich mich auch schon vom Vorfeld bei euch allen entschuldigen. Lasst die Blätter nicht hängen. Seid keine beleidigte Leberwurst – vor allem nicht, wenn ihr Brokkoli seid. Irgendwo da draußen gibt es Menschen, die euch gerne verkonsumieren.

Ich fange mal ganz vorsichtig an. Lebensmittel, die nach nichts schmecken ... Mineralwasser zum Beispiel! Sorry, liebes H_2O – Stiftung Mirjatest vergibt leider nur ein Ausreichend. Das ganz handelsübliche, das schmeckt doch wirklich nach nix. Gut, in Spanien hatte ich mal eins, das total salzig war, das fand ich toll, aber im Normalfall schmeckt Mineralwasser erst einmal nach nix. Und das ist an sich auch wirklich gut so. Wasser soll nach nix schmecken. Sonst wäre es ja Tee, Saft, Limo, Bier – Sie wissen schon. Umso skeptischer werde ich, wenn Wasser doch plötzlich nach etwas schmeckt. Nach Muff zum Beispiel. Da greift man beherzt in den Wasserkasten, zischt die Flasche auf und was ist? Man hat anscheinend die Flasche vom letzten Sommer erwischt. Das Wasser schmeckt nämlich genau so, wie die Klamotten, die ich mal aus Versehen ein Hitzewochenende lang anhatte und die ich erst fünf Tage später ganz unten im Wäschekorb wiedergefunden habe. Ulkigerweise waren die immer noch feucht. Oder schon wieder. Wenn Wasser SO schmeckt, dann stimmt was nicht!

Angeblich soll man Wasserflaschen auch zügig austrinken. Mal kurz mit dem Mund anlullern und stehenlassen sollte tunlichst vermieden werden, weil Mundbakterien sich dann im Schraubverschluss so lange vermehren, bis sie ins Wasser plumpsen, um sich da dann zu nochmehrzuvermehren. Und zwar so lange, bis das Wasser sich in eine Art Sabberschorle verwandelt hat.

Noch weniger Geschmack hat eigentlich nur stilles Wasser. Das ist wie Mineralwasser nur in tot. Horror finde ich das! Witzbolde sagen ja schon mal gerne: Wasser trink ich nicht, da haben Fische Sex drin! Das mag für Sprudelwasser gelten, weil das so kribbelt an den erogenen Rogenzonen der Flossentiere! Aber welcher Fisch hätte wohl Geschlechtsverkehr in stillem Wasser aus der Flasche? Das müssen dann aber Fische sein, die schon sehr lange verheiratet sind!

Also, ich trinke wirklich lieber wild sprudelndes Wasser, auch wenn das manchmal zu einem kleinen Trommelbauch führt. Ein beherztes Bäuerchen dann und wann kann sehr befreiend sein.

Da fällt mir eine Geschichte von meiner Freundin Charlotte ein. Die kann so unfassbar toll laut rülpsen. Einmal in einer Disco war ihr Rülpser lauter als die Musik. Da war ich sehr stolz auf sie. Ich hatte kurz die Idee, mit ihr aufzutreten, durch die Diskotheken der Welt zu touren und ihre Rülpser mit Hilfe des DJs aktiv in die Songs einzubinden. Aber damit konnte ich mich nicht durchsetzen. Vielleicht spare ich mir diese Idee mal auf und gehe damit zu den VOX-Kollegen von *Die Höhle der Löwen*.

So, der Anfang ist gemacht: Mit Wasser hab ich es mir schon verscherzt. Was schmeckt noch nach nix? – Spucke. Das ist jetzt ziemlich nah am Wasser, und ich bin mir sicher, dass es in Deutschland einen Bundesverband Speichelfluss e.V. gibt oder so was. Vielleicht sogar eine Lobbygruppe, die Politik pro Spucke machen will. Dann lege ich mich jetzt mit denen an: Schlucken Sie mal! Merken Sie was? Das schmeckt doch nach nix. Gut, ich bin mir nicht sicher, ob man Spucke zu Lebensmitteln zählen kann, aber, hey, wir haben uns gerade erst wieder vertragen, da will ich mich nicht zu weit aus dem Fenster lehnen.

Was allerdings mitunter nach etwas schmeckt, ist die Spucke anderer Menschen. Bevor Sie laut IIIIIHHH schreien: Nein, ich lauere nicht im Park und warte darauf, dass ein Jogger vorbeigerannt kommt, der im hohen Bogen in die Hecke speit. Nein, ich gehe dann nicht mit dem Finger an die Pfütze und ... Herrgott! So unromantisch bin ich auch nicht. Die Spucke anderer Menschen schmeckt man doch, wenn man sich gegenseitig leidenschaftlich küsst – vor allem mit Zunge. Ohne zu sehr ins Detail gehen zu wollen: Gerade in meinen jungen Jahren war ich zuerst überrascht, dass die Spucke meiner Kusspartner nach nichts schmeckte. In der Pubertät kommt man sich ja ziemlich toll und einzigartig vor. Da passt es kaum ins Selbstbild, dass die Spucke von Klaus-Dieter genauso schmeckt wie meine. Spätere Erfahrungen haben aber gezeigt, dass Partner schmecken können und zwar nach: Döner-Knoblauch, alten Zigaretten, Erdbeer-Labello – ja, auch Männer nutzen so was! Alkohol ist auch ein Geschmack, den man beim Küssen feststellen kann, zumindest bis zu einem gewissen Grad der Eigenalkoholisierung. Danach ist eh alles egal. Mein Tipp an alle, die sich küssen und oder frisch verlieben wollen: Putzt eure Zähne, kaut Kaugummi, und wenn ihr euch beim Perser eine halbe rohe Gemüsezwiebel reindübelt, weil es ja sonst »unhöflich« wäre, tut es gemeinsam!

Spucke und Wasser sind abgehakt, und die Anti-Mirja-Fraktion wird größer werden. Wahrscheinlich kriege ich von Flüssigkeitsfanatikern demnächst eine Wasserbombe mit Spucke an den Kopf geworfen. Mein Tipp: Packt auch noch das nächste Lebensmittel mit rein!

Reispapier, das schmeckt auch nach nix. Kennen Sie das? Diese runde, milchglasige Scheibe, die man anfeuchten muss, um sie dann mit Leckereien zu füllen und aufzurollen? – Summer Rolls heißt das dann. Wenn man ein Rollunglück erlebt, können die schon mal aussehen wie ein fieses Kondom oder ein sehr blasser Penis. Huch, das war ich nicht! Das hab ich nicht geschrieben!

Verstehen Sie mich nicht falsch. Ich liebe Summer Rolls, aber eben in ihrer Gesamtheit. Essen Sie einmal nur so eine Reispapierscheibe. Die schmeckt nach nix. Witzigerweise gibt es bei diesem Gericht auch noch eine weitere Komponente, die sehr geschmacksneutral ist: Glasnudeln! Das könnte daran liegen, dass beide Lebensmittel ähnlich aufgebaut sind: Stärke und Wasser. Vielleicht ist es auch Spucke-Mineralwasser, was meine Abneigung erklären könnte. Zusammen mit Erdnusssoße, Soja, Gemüse, Garnelen, Minze, Koriander und salzigen Erdnüssen als Rolle aber eine tolle Geschmacksexplosion.

Während des Schreibens pfeife ich mir übrigens gerade einen Riegel Yogurette rein. Die schmeckt ganz toll nach was und nicht nur himmlisch joghurtleicht, wie die einem in der Werbung vorgaukeln. Da ist doch diese Frau Jokiel, dieses dünne Ding, Brigitte hieß sie, glaube ich. Die steht manchmal sogar nachts auf und holt sich eine. Also, wenn ich nachts heimlich aufstehen würde, um mir eine Yogurette reinzuschieben, dann würde ich verdammt nochmal aber nicht so gut *in shape* sein wie diese blöde Jokielziege im Fernsehen.

Aber ich drifte ab. Wir waren ja bei Lebensmitteln, die nach nix schmecken. Vielleicht wollte ich auch nur kurz ablenken, denn jetzt kommt es ganz dicke! Internet-Hater können schon mal den Shitstorm anrühren, denn ich finde, sehr fettarme Milch gemischt mit viel Wasser schmeckt auch nach nix. Unparfümierter Reis ganz ohne Salz – langweilig! Mehl schmeckt auch nach wenig. Essen Sie mal einen großen Löffel, jetzt! Eine Offenbarung der Vielfalt ist das aber nicht. Oder nehmen Sie doch mal ein ordentliches Stück Margermargarine. Da überschlägt sich der Gaumen auch nicht gerade. Brokkoli ist auch so eine Sache. Ich finde, Brokkoli ist der fiese kleine Stiefbruder von Blumenkohl. Kaugummi, das bereits seit Wochen gekaut ist, schmeckt übrigens auch nach nix. Das Weiße vom Ei hat auch mal gar nicht so einen starken Geschmack. Wahrscheinlich wurde deswegen der Dotter erfunden.

Meine beiden Söhne sagen, dass ich ihnen durchaus auch schon mal ein geschmackloses Kartoffelpüree aufgetischt habe, was aber wirklich die Ausnahme bildet. In echt ist mein Kartoffelpü 1A. Und ohne die vegetarischen Leser beleidigen zu wollen (wir hatten ja schon darüber gesprochen, dass wir uns eigentlich liebhaben), aber Tofu in seiner reinen Form schmeckt doch wirklich nach nix.

Die Graupen in der Graupensuppe, die ich sehr gerne mag – Sie erinnern sich? Die kleine Brötchensuppe meiner Oma? –, bei denen habe ich das Gefühl, dass sie vor lauter Höflichkeit beim Kochvorgang ihren Geschmack komplett an die Suppe abgegeben haben. Holt man dann welche raus, spült sie ab und isst sie solo, dann kommt nicht mehr viel dabei rum, was die Geschmacksknospen aufnehmen können.

Ähnlich finde ich frittierte Tintenfischringe. Ohne Panade auf sich selbst runtergebrochen hilft hier nur Zitrone oder sehr viel Aioli.

Spätestens jetzt werden mich einige Leser in meinem eigenen Kartoffelpü ertränken und anschließend mit unparfümiertem Reis steinigen wollen. Aber ich dreh jetzt komplett frei und durch. Ich lehne mich ganz weit aus dem Fenster und sage:

Tomaten können auch ganz prima nach nix schmecken. Entschuldigen Sie bitte, aber ich bin nah der holländischen Grenze mit ebendiesen Tomaten groß geworden. Da konnte der Genuss einer fetten Gewächshaustomate schon mal einem Glas Wasser gleichkommen. Zur Ehrenrettung der armen Tomate muss man natürlich sagen, dass sie auch ganz toll schmecken kann, wenn sie sich anstrengt. Aber eben auch nach nix.

Ich gehe manchmal im Kopf die Meilensteile der Lebensmittelherstellung durch. Ich sehe da diesen holländischen Gemüsebauern. Seine Äcker sind karg. Der Wind fegt über das Land, seine Kühe werden regelmäßig von Windmühlenrädern erschlagen, und dann purzeln sie den ganzen Berg hinab ins Tal. Okay. Ertappt. Das ist pure Phantasie. In Holland gibt es ja gar keine Berge. Aber den Rest sehe ich klar vor meinen Augen. Tag ein, Tag aus schuftet sich Fiete, so heißt er ab jetzt, die Hände und den Buckel krumm. Es ist ein hartes Leben hinterm Deich, und seine Frau würde so gerne mal in Urlaub fahren. Fiete beschließt, Tomaten anzubauen! Keine Ahnung warum. Er macht es einfach. Und zwar jahrelang. Jahrzehnte! Er zieht Tomaten, düngt sie, er kreuzt sie, er spielt ihnen Mozart vor und Metallica, er versucht alles! Und dann! Eines Tages ist es so weit! Fiete stürmt in seine Bauernhöhle im Deich. Ich erwähnte ja, dass er so arm war, dass er sich mit bloßen Händen in den Deich gegraben hatte, oder? Fiete stürmt also in die Höhle und ruft seiner Frau zu: »Ming Li.« Lange Geschichte, und Sie wollen doch wissen, was er seiner Frau zuruft, also konzentrieren Sie sich bitte. »Ming Li! Es ist geschafft! Ich habe es vollbracht! Ming Li, wir werden reich! Wir werden Milliardäre! Du wirst in den Urlaub fahren können. Vielleicht sogar bis nach Belgien, denn trotz des Ruhms und des Geldes werden wir bescheiden sein und demütig. Sieh an, ich habe sie entwickelt!« Mit diesen Worten hebt er eine große Tomate in das gleißende Sonnenlicht. Die Höhle hatte nämlich kein Dach. Und während er diese eine wunderbare Tomate so hochhielt, liefen ihm Tränen des Glücks über die vom Wetter zerfurchten Wangen, und er rief, fast schon wahnsinnig vor Stolz: »Das ist sie! Groß, rot und vollkommen geschmacklos! Die Holländische Fleischtomate! Die Deutschen werden sie lieben, und wir werden unfassbar reich.« So muss es gewesen sein. Warum sollte man sonst eine vollkommen geschmacklose Tomate anbauen? Mittlerweile hat Fiete eine Yacht, die größer ist als Holland, trägt nur noch Rollkragenpullover und präsentiert einmal im Jahr sein »next big thing«. Neulich zum Beispiel Schweinefleisch, das so viel Wasser enthält, dass es in der Bratpfanne komplett verdampft!

So viel zu den Lebensmitteln, die für mich nach nix schmecken – und die mich beim nächsten Supermarktbesuch gehörig beschimpfen werden, weil ich sie auf diesen Seiten zu fies gedisst habe.

Es gibt aber auch ein Lebensmittel, das von selber sehr stark schmeckt, was wiederum dazu führt, dass man es mit einem Konkurrenzgeschmack töten möchte: Austern. Stellen Sie sich bitte vor, wie die Autorin dieses Buches (ich) sich in einem sündhaft teuren Fummel auf der Yacht von Fiete räkelt, während der Hubschrauber mit Brad Pitt auf dem Achterdeck landet. Brad kommt gerade aus St. Tropez und hat einen Korb frischer Austern dabei, die wir gleich gemeinsam im Sonnenuntergang vertilgen wollen, während die dressierten Delfine für uns Herzchen springen. Genauso ist es NICHT! Ja, es gab Austern beim Fernsehen auf Partys, aber die Zeiten sind lange vorbei. Weil es die da für umme gab, hab ich mal eine probiert. Verurteilen Sie mich bitte nicht für die Dekadenz. Auf TV-Partys kriegt man durchaus schlimmere Dinge, Substanzen, Sachen angeboten »zum Probieren«. Sind Sie bereit für meine ausgiebige Beschreibung des intensiven Austerngeschmacks? Achtung. Es geht los: Für mich schmecken Austern nach einem ordentlichen Schluck Meerwasser. Fertig. Macht man sehr viel Zitrone drüber oder aber eine würzige Vinaigrette mit kleinen Zwiebeln, geht es so gerade. Man muss einfach sehr schnell schlucken, um die glibbrige Konsistenz zu überspringen. Hilfreich ist hier auch der gleichzeitige Konsum von literweise Rosé. Die Muschel muss schwimmen. Sie merken schon, ist nicht so meins.

Muscheln an sich esse ich sehr gerne. Aber auch bei Miesmuscheln sorge ich für einen schnellen Verzehr, wegen der Optik. Ich finde ja immer, dass die aussehen wie ganz kleine ..., aber lassen wir das!

So. Jetzt ist alles raus. Hassen Sie mich jetzt? Ich hoffe nicht. Ich will ja keinen verärgern und, nachdem wir doch schon längst wieder Freunde sind, dies nicht aufs Spiel setzen.

Darum beende ich dieses geschmacklose Kapitel mit der versöhnlichen Erkenntnis, dass mit den richtigen Zutaten und Gewürzen aus bestimmt allen Lebensmitteln etwas Tolles gezaubert werden kann. Selbst Wasser schmeckt mit Himbeer-Ahoibrause herrlich himbeerig. By the way, die geht auch prima mit Wodka.

Aber ich lege mich auf eins fest: Spucke schmeckt oft nach nix. Und vielleicht auch noch Fingernägel. Pfui! Ich beende diese Idee, bevor Sie noch einen Flug-Herpes bekommen.

Die Weizenmehlsymphonie – Meine Ode an das Toastbrot

Hören Sie das? Im Hintergrund läuft epochale Musik. Sehr laut, sehr gut eingespielt von mir auf meiner Jägermeister-Panflöte, begleitet vom WDR-Symphonieorchester. Ja, okay, ehrlich gesagt läuft gar keine Musik. Aber ich habe eben gerade, zu Ehren des Toastbrots, eine kleine Weise auf meiner Lotusflöte geträllert. Sie kennen keine Lotusflöte? Das ist ein Rohr, wo oben eine Flötenöffnung drin ist, unten steckt ein Piddeldingsbummsteilflanschirgendwas drin. Wenn man das weiter aus dem Rohr rauszieht, werden die Töne tiefer, steckt es weiter drin, werden sie höher. Sie kennen diese Tonfolge zum Beispiel aus alten Schwarzweiß-Klamaukfilmem, wenn der eine dem anderen lange an der Nase zieht oder an der Brustwarze, oder wenn etwas oder jemand oder beides runterfällt. Also nicht das Zeng, Dengel, Boing, Klatsch, sondern eben dieses Lotusflöten-Uuuuuuuuuuuuoooooooooooo.

Man benötigt eine extreme Fingerfertigkeit und Virtuosität, um dieses Gerät zu bedienen, und ich kann es wahnsinnig schlecht. Trotzdem lasse ich es mir oft nicht nehmen, sehr zum Leidwesen meiner Familie, genau diese Flöte mit Inbrunst zu spielen. Wie eben auch vor ein paar Minuten. Einfach, weil ich es wollte. Einfach, weil das Toastbrot diese

Hymne verdient. Schreibt man ein Buch, dann denkt man nach, über was man so schreiben will. Es hilft zumindest.

Schreibt man ein Buch über Lebensmittel, denkt man über Lebensmittel nach, ist ja klar. Und dabei wurde mir bewusst, dass es ein Lebensmittel gibt, das mich nicht unaufhörlich und ständig begleitet, aber bereits das dritte Mal in meinem Leben einen festen Platz eingenommen hat. Phasenweise taucht es auf, und dann verschwindet es wieder. Diese Erkenntnis lässt mich glauben, dass ebendieses Lebensmittel mir nie ganz abhandenkommen wird. Deswegen verdient es eine Ehrung. Sie wissen längst, wovon ich rede. Ganz findige Leser konnten es bereits beim Lesen der Überschrift erahnen.

Na klar, das Toastbrot! Und zwar das mit Nutella. Klingelt es? Wir sprachen drüber. Das Sofa meiner Eltern?! Na?! Sehen Sie. Auf dem Sofa meiner Eltern in meiner Kindheit lernte ich es kennen. Später, bereits nach meinem Studium, okay es waren verschiedene Studiengänge – ich glaube, ich arbeitete da schon fürs Fernsehen, tauchte es wieder auf, und zwar in der Gegensprechanlage meiner ältesten Freundin Tina. Älteste natürlich nicht im Sinne von alt. Um Gottes willen, Martina ist genauso jung wie ich! Im Grunde sogar noch jünger. Unvorstellbar, aber wahr. Würde ich längste Freundin schreiben, würden Sie denken, Tina wäre von unnatürlich langer Statur. Ich kenne diese Frau einfach, seitdem ich klein bin, und wir waren mal näher und mal entfernter, haben uns aber nie verloren und werden das wohl auch nie tun. (Das ist ein bisschen wie mit dem Toastbrot.)

Zurück zur Gegensprechanlage. Tina wohnte damals in

Köln-Bayenthal, und es gab eine Phase, da hatte ich beziehungstechnisch nicht immer so ein gutes Händchen. Kurz gesagt, immer wenn ich Kummer hatte, stand ich bei Tina vor der Tür. Oft morgens. Irgendwie muss sie an meinem Klingeln meine Verfassung erkannt haben. Es könnte allerdings auch an den nicht selten absurden Uhrzeiten meines Auftauchens gelegen haben. Mir ist die Variante mit dem Klingelton aber lieber. Auf alle Fälle fragte sie damals, oft durch ebendiese Gegensprechanlage: »Weichgekochtes Ei und Toast?« Und ich wusste dann genau, sie würde mir zuhören und mich trösten und wenn nötig mit mir schimpfen.

Was denn? Andere stopfen sich Eiskrem oder Schokolade rein. Bei mir war es ein weichgekochtes Ei mit einem Nutella-Toast. Das wusste Tina, und sie hatte immer eins da. Irgendwann lernte ich meinen jetzigen Freund kennen, und das Toastbrot verschwand wieder im Hintergrund, weil der Typ echt dufte ist.

Tina blieb. Wir sind dann eher wieder zu einem abendlichen Wein übergegangen. Im Moment, Jahre nach dieser Geschichte, ist das Toastbrot mit Nutella latent wieder zurückgekehrt, durch meine Jungs. Sie sind beide noch im Grundschulalter, und obwohl sich der Nutellakonsum erstaunlicherweise in unserem Haushalt in Grenzen hält, überkommt die Heinis dann und wann der Jieper nach einem Toastbrot mit Nutella. Was soll ich sagen? Da mache ich eben mit.

Irgendwas in mir weiß, dass ich diesen Nutella-Toast nie ganz verlieren werde, so wie Tina. Deswegen möchte ich ihn heute hier an dieser Stelle ehren und mich bedanken. Danke, liebes Nutella-Toastbrot. So, das wollte ich einfach mal sagen.

Wenn ich mir eines Tages die Radieschen von unten anschauen werde, womit ich mir gerne noch sehr lange Zeit lassen würde, hoffe ich, dass sich einer an diese Bindung erinnert, und vielleicht gibt man mir ja so einen Toast mit auf den Weg, als Snack für unterwegs. Einfach so.

Und wenn Sie wollen, nehmen Sie eine Scheibe Toastbrot, um damit Ihre Tränen zu trocknen oder sich nach getaner Heularbeit herzhaft auszuschnäuzen. Winken Sie mir mit der Scheibe Toastbrot ein letztes Mal zu und dann farewell! Die weitere Verwendung des Toastbrotes überlasse ich Ihnen.

Und hier noch ein paar coole Facts zum Toastbrot, mit denen Sie bei der nächsten Party brillieren können. Vielleicht bringen Sie ja einen Toast aus. Brüller.

»Das Toastbrot ist ein feinporiges Kastenweißbrot mit dünner Kruste, das häufig vor dem Verzehr scheibenweise geröstet wird, heute üblicherweise mit einem Toaster«, steht bei Wikipedia. Deswegen muss es wohl stimmen. Der Teil mit dem Toaster ist übrigens nicht von der Hand zu weisen. Als mal einer meiner Toaster über den Jordan ging und ich den Toast in der Pfanne geröstet habe, war ich doch überrascht, wie schnell Feuermelder in der Küche angehen können. Da ist diese Heißspiralenbrotauswerfmechanik des Toasters doch deutlich bequemer. So weit hat Wikipedia also recht. Aber dann kommt's! Wird mein geliebtes Toastbrot doch da allen Ernstes als BÄHschnitte bezeichnet. Geht's noch. Auch wenn das angeblich vom mittelalterlichen Wort »bähen« für rösten kommt. Bähschnitte ist für mich ein Bähwort und wird hiermit verboten.

Zurück zu den schönen Seiten der Toastbrotscheibe. Zwei solcher Seiten hat das Brot, und es entfaltet seine ganze Zauberkraft durchs oben beschriebene Toasten aka Rösten. Der Trick ist die sogenannte Maillard-Reaktion. Benannt nach dem Naturwissenschaftler Louis Camille Maillard! Der lebte im frühen 20. Jahrhundert und war deutlich schlauer als das sprichwörtliche Toastbrot. Der gute Maillard forschte wohl ziemlich viel mit Pipi und erhielt für seine Arbeiten rund um die Urinanalyse zur Diagnose von Nierenkrankheiten sogar einen Preis. Von mir bekäme er heute nachträglich den Nobelpreis, denn er war der Erste, der die Bräunungsreaktion beim Braten, Rösten und Frittieren entdeckte und nutzbar machte. Röstkaffee, Pommes, Spiegelei, Röstzwiebeln, Kekse und das von mir so gefeierte Toastbrot – die Welt wäre so unfassbar viel ärmer ohne diese Maillard-Reaktion. Gut, die Welt wäre auch gesünder, denn durch das Rösten entsteht Acrylamid, was wohl Krebs erzeugt, aber hey: No risk, no fun!

Außerdem ist Toastbrot ja schließlich nur genießbar, wenn es goldgelb geröstet wurde. Schwarz schmeckt bitter und landet in der Tonne. ODER? Falsch, im 18. Jahrhundert soll verkohltes Toastbrot in England genutzt worden sein, um es in Wasser aufzulösen und das Gebräu als Ersatzkaffee zu trinken. Ganz ehrlich, auf so eine Idee kann auch nur die englische Küche kommen! Dass die Engländer wahre Könige des Toastbrotes sind und es kunstvoll verziert sogar zum Tee genießen, verschweige ich hiermit! Wie auch den Rest der britische Toasttradition, die bis ins Mittelalter zurückreicht.

Viel spannender ist da die Tatsache, dass amerikanische Weizenhersteller und deutsche Toasterproduzenten einen großen Aufwand betrieben haben sollen, um das Weißbrot nach dem Zweiten Weltkrieg als praktische Brotmahlzeit der gehobenen Kreise in Deutschland zu etablieren. Was? Amerikanische Musik, Filme, Autos und ein colasaufender Weihnachtsmann reichen nicht? Sogar das Toastbrot haben uns die Amis untergejubelt? Scheint so. 1963 wurde von Bäckereien sogar eine Arbeitsgemeinschaft zur Förderung des Toastbrotverzehrs gegründet! So eine Art Weizenmehlgeheimbundloge! Was kommt als Nächstes raus! Kreuzzüge fürs Knäckebrot! Aber die top secret Toastbrotsekte hatte Erfolg. Während Edeltraut und Adalbert sich um 1910 noch Graubrot in den Toaster stopften, futtern Marianne und Michael ab den 1960ern fleißig die geröstete Weißbrotschnitte. Der Plan ging auf! Ob diese Organisation immer noch im Verborgenen operiert, um uns weiter vom Toastbrot abhängig zu machen – keine Ahnung. Aber wenn, dann ist klar, was die bei ihren Treffen anbeten: den Heiligen Toast Hawaii!

Da dürfen Sie mich und dieses Buch gerne zitieren, wenn Sie das alles auf der Party klugscheißen!

Bremsklotzkühltaschen-raststättenromantik

Stimmt doch gar nicht! Raststätte und Romantik, das schließt sich nicht aus. Im Gegenteil, ich liebe Raststätten, und ich habe romantische Gefühle, wenn ich an sie denke: Das fröhliche Grau der Leitplanken, das dauerhafte, beruhigende Rauschen der PKW und LKW – ab und zu mal ein Motorrad, und über allem liegt dieser Duft! Dieses Eau de Autobán! Eine Mischung aus Benzin, Frittenfett und den bei fünfundvierzig Grad durchgemüffelten Autositzstoffbezügen. Herrlich! Raststätten sind Inseln der Erholung. Eigentlich sind sie sogar kleine Staaten, die sich komplett selbst versorgen können mit Lebensmitteln, Spielplätzen, einer unschlagbar guten Autobahnanbindung, und sie haben sogar eine eigene Währung in Form von Bons, die man als Belohnung für kleine und große Geschäfte in der Tankstelle gegen Schlickerkram einlösen kann. So muss eigentlich das Paradies aussehen, oder? Vielleicht schreibe ich der Raststätte mal eine Hymne. Die kann dann immer laufen, wenn Trucker, Biker, Monteure, Reisende und Pendler feierlich ihre Bons eintauschen. Überhaupt: diese friedliche Koexistenz von durchreisenden Holländern, die beseelt vor Glück das erste Mal über hundertdreißig mit ihrem Auto fahren, weil sie auf einer deutschen Autobahn unterwegs sind, Handwerkern aus Osteuropa, teutonischen Sandalenträgern auf dem Weg in den Süden. Auf Raststätten trifft sich die halbe Welt, und alle futtern friedlich das tellergroße Schnitzel mit Kartoffelsalat. Toll! Toll! Toll!

Schade, dass man da immer nur kurz verweilt. Eigentlich fängt da doch schon der Urlaub an, und eigentlich kann man ihn doch auch da gleich verbringen, oder? Sogar Abenteuerurlaube sind möglich, wenn die Auswärtsfußballmannschaft von getreuen Fans der Heimmannschaft auf der Raststätte abgepasst wird. Und wozu nach Thailand fahren: In einschlägigen Portalen findet man sogar Sex – mit und ohne Anfassen, Angucken und manchmal nur mit Fenster runterlassen. Also … hab ich früher mal bei RTL 2 gesehen. Vielleicht sollte man das also vorher mal googeln. Nicht, dass man irgendwann einen Rastplatz anfährt, Mails im Wagen checkt und plötzlich ein Glied auf der Windschutzscheibe liegt. Den Scheibenwischer kann man da wahrscheinlich nicht betätigen. Nachher erregt ihn das noch und lockt noch mehr davon an.

Auf Raststätten spielt sich also das komplette Leben ab! Toll! Und ich bin nicht der einzige Mensch, der eine Begeisterung für Raststätten hat. Klar, die Betreiber sind sicher auch happy, weil sie fünf Euro für 'ne Cola verlangen können. Aber auch ein Bekannter von mir erzählt immer noch feierlich, wie er mal den großen Peter Kürten getroffen hat. Den tollen Sportkommentator aus dem *Aktuellen Sportstudio*. Der hatte sogar einen flotten Spruch auf den Lippen und hat meinen Kollegen nach dem Weg gefragt! Unvergesslich. Irgendwann sagen wir ihm bestimmt auch, dass er DIETER Kürten getroffen hat und nicht Peter Kürten – das war nämlich ein Serienmörder aus Düsseldorf, der zum Glück schon lange tot ist, wie mir das Internet versichert.

Und dann sind Raststätten auch noch so ehrlich, spannend und verführerisch! Ehrlich, denn schon auf dem Hinweisschild auf der Autobahn prangen diese kleinen Symbole, und man weiß direkt, was einen erwartet. Spannend, denn man weiß ja nie vorher, was genau auf dem Raststätten-Hinweisschild steht. Und verführerisch, weil man nach stundenlanger Fahrt plötzlich Gelüste bekommt wie: »Och, jetzt ein Fischbrötchen von Nordsee«, oder »Guck mal, die haben sogar KFC«! Dann beginnt das große Spekulieren. Fahr ich jetzt schon raus und pfeif mir das Fischbrötchen rein oder hoffe ich, dass es in der nächsten Raststätte vielleicht was vom goldenen M gibt? Subway ist aber auch nicht schlecht. Lieber Starbucks oder Segafredo? Das sind Gedanken, die einen ganz schön umtreiben können. So sehr, dass man völlig vergisst, dass der Tank gleich leer ist. Ob der Motor sich auch denkt: Hmm, Shell mag ich, aber Aral schmeckt noch besser? Mein Tipp: einfach ALLE Raststätten anfahren und alles konsumieren, worauf man Lust hat. Denn was passiert dann? Richtig, man ist so voll gemampft und fett getrunken, dass man auf jeden Fall auch den nächsten Rastplatz anfahren muss. Erst für die Toilette, dann um die dortigen lokalen Köstlichkeiten zu würdigen. Und schon geht alles von vorne los!

Als Kind kam man in den Genuss von Raststätten auf der Autobahn doch genau dann, wenn man in die Ferien fuhr. Ich wusste dann immer, es liegt eine tolle Zeit voller Abenteuer am Meer vor mir. Es soll sogar Familien geben, die auf ihren Urlaubsreisen immer wieder dieselben Raststätten ansteuern. Und was ist schöner als das Leuchten eines kleinen dicken Kindes, wenn es morgens um drei Uhr einen Hamburger essen darf, »ausnahmsweise, weil Urlaub ist« (und weil Vati pullern muss).

Meine Pubertät liegt in den Achtzigern, und da besuchte man noch viele Autobahnraststätten. Egal wohin, wir fuhren mit dem Auto. Früher oft ein Opel, z. B. mit weißem Torso und schwarzem Dach. Später bevorzugte mein Vater BMW.

Je nach Ziel gab es mehrere Zwischenübernachtungen und viele Stunden auf der Autobahn. Unangeschnallt mit meinem Bruder auf der Rückbank mit Massen an Malutensilien und Pixi-Büchern. Ins Fenster wurde ein altes Küchenhandtuch gehängt, aus Ermangelung einer Klimaanlage. Diese Fenster wurden dann einen Spaltbreit geöffnet, wenn die Eltern eine rauchen wollten, aber nicht angehalten werden sollte.

Zwischen meinem Bruder und mir stand der Tod eines jeden Raststättenbesuchs: eine Riesenkühlbox! Allerdings vollgefüllt mit den leckersten Leckereien, die meine Mutter in der Nacht zuvor gezaubert hatte. Von Würstchen mit Kartoffelsalat über etliche Bemmen und Stullen, bis hin zu hartgekochten Eiern. Diese konnten allerdings bei achtundvierzig Stunden Reise und nachlassender Kühlfähigkeit schon mal ein fröhliches Eigenleben entfalten ... auch in puncto Geruch.

Heißt also, dass in meiner Kindheit Raststätten eher zur Notdurftverrichtung angefahren wurden als zum Konsum von Lebensmitteln. Die gab es beim Picknick auf dem Parkplatz. Sie waren aber immer toll.

Als ich noch etwas kleiner war, gab es oft auch einen Nothalt zum Pipimachen, ganz ohne Klo, hinterm Busch an der Leitplanke am Fahrbahnrand.

Mein Bruder, und das liegt in der Natur der Dinge, ließ einfach laufen, während ich von unserer Mutter in einer entwürdigenden Beuteltierhaltung über den grünen Streifen gehalten wurde. Der Vorteil daran war, dass ich nur meiner Mutter mit meinem Kinder-Pipi die Schuhe besprenkelte, selber aber blütenrein blieb. Später sollte ich mich selber hinhocken und mit großer Zielsicherheit war klar, dass meine extra für den Urlaub gekauften Sandalen nicht trocken aus der Nummer rauskamen.

Auf dem Standstreifen verbrachte unsere Familie öfter die Zeit. War mein Dad doch der unangefochtene Ranglistenführer des Zu-spät-Tankens. Immer hieß es: »Och, bis zur übernächsten Tankstelle schaffen wir es schon noch.« Zack! Fernab von Rast- oder Tankstelle standen wir am Rand. Mit der Zeit konnte das selbst meine Mutter nicht mehr erschüttern, und die gesamte Familie zuckte mit den Achseln, wenn mein Vater mit dem Ersatzkanister loszog oder per Anhalter zur nächsten Tankstelle trampte.

In einem Frankreichurlaub ging die Hilfsbereitschaft eines

Franzosen so weit, dass er meinen Vater nicht nur zur nächsten Tanke mitnahm, sondern ihn auch wieder rückwärts über die Autobahn fahrend zu unserem Auto zurückbrachte. Die spinnen, die Franzosen!

Oft übernachteten wir an Orten, an denen auch noch etwas besichtigt werden konnte, oder schon an der Küste. Ganz selten kam es aber auch zu Übernachtungen im Autobahn-Motel. Ich fand's toll. Diese vorbeiknatternden Autos schläferten mich immer sehr schön ein.

Am zweiten Reisetag wurde es immer spannend, denn dann waren die meisten Lebensmittel bereits vertilgt, und mit den Eiern konnte man eine kleine Diskussionsrunde führen. Also gab es dann die erste Orangina oder das erste Panini von italienischen Raststätten. Damals noch mit sehr rudimentären sanitären Anlagen, bei denen man sich oft an den kleinen Grünstreifen zurückwünschte.

Als ich größer wurde und bei Jugendfreizeiten mitfuhr, konnten Autobahnraststätten mitunter etwas Quälendes bekommen. Meist fuhr man ja über Nacht, und immer dann, wenn man sich gerade gemütlich in seiner Sitzecke eingerichtet hatte, gab es eine Pause und alle mussten den Bus verlassen. Zwecks Sauerstoffaufnahme – wurde jedenfalls behauptet. Ich glaube, dass es aber die blanke Angst war, dass wir irgendwelchen Unfug anrichten könnten, solange der Busfahrer nicht im Bus war. Viel konsumiert hat man da auch noch nicht, da die Kröten von zu Hause ja für die ganze Freizeit reichen sollten. Es gab natürlich immer die Spezialisten, die genau diese Kohle schon bei Brohltal komplett auf den Kopf gehauen hatten und einem dann eine Woche lang auf der Tasche lagen.

Das kam bei mir erst viel später dazu, als ich mein eigenes Geld verdiente. Die erste Band, mit der ich auf Tour durch Deutschland, Österreich und die Schweiz ging, waren die *Fabulösen Thekenschlampen*. Mit ihnen lernte ich den Konsum von Autobahn-Bremsklötzen, also Buletten aka Frikadellen aka Fleischpflanzerln aka Rummsnummseln (okay, das hab ich mir ausgedacht) kennen und lieben. Warm, lauwarm, kalt, fettig, trocken, bröselig, alles war dabei, und bis heute ist das so geblieben.

Die Band hat gewechselt. Es sind die Meinen. Sie heißen *Die Honkey Donkeys* und sind ganz toll. Ich kaufe zwar vor Antritt jeder Tour einen Koffer voll mit Süßigkeiten, was uns allerdings nicht daran hindert, wie eine Heuschreckenplage über die deutschen Raststätten herzufallen. Auf dem Hinweg gibt es Kaffee und Energy-Drinks und nach dem Gig Fahrbier. Und dieses freudige Gejohle im Bus beim Öffnen der ersten Mini-Salami, und diese große Erleichterung, dass es dann doch einfach nur 'ne Bi-Fi war und kein Pups.

Die Raststätten von heute haben ja wirklich alles, also alles, nicht nur Lebensmittel. Hat man ein Mitbringsel für die Kinder vergessen? Zack! Für sehr viel Geld ein sehr hässliches Stofftier in der Tanke geht immer! Deo vergessen? Und wie viel staunende Begeisterung man ernten kann, wenn man zum Auto zurückkehrt und plötzlich ein riesengroßes Oster-Überraschungsei präsentiert. Vor allem im August. Und weil es ja akut schmelzgefährdet ist, fällt auch gar nicht auf, dass die Schokolade schon so einen leichten Graufilm hat. Im Prinzip könnte man komplett ohne Gepäck reisen, die Autobahnraststätten machen es möglich. Ich bin mir sicher, dass man dort sogar ein neues Bandmitglied erstehen könnte, wenn mal eins auf der Tour verloren geht. Oder man könnte eins anbinden und schnell wegfahren. Spaß.

Wenn ich groß bin, heirate ich mal in einer Autobahnkapelle, und Rudi »Meiner ist am längsten« und Günther »Meiner ist zwanzig Meter lang« sind die Trauzeugen. Ist das nicht romantisch? Doch! Das ist nicht romantisch!

Villa Vue

»Frau Boes? Warum haben Sie eigentlich ein Restaurant?«

Gute Frage. Ich hatte schon immer den Wunsch, die kulinarischen Erfahrungen meiner vielen Weltreisen unter einem Dach zu vereinen und die Menschen mit exotischen Gewürzen zu betören! Ein Restaurant war für mich immer der Traum von Freiheit, Einheit und Gleichheit. Spaß! Ich hatte einfach Bock drauf.

Und eigentlich ist mein Kumpel Pedee schuld. Und »Schuld« ist auch schon wieder falsch, denn es ist ja toll, dass ich bei sowas mitmachen kann. Und es ist noch viel tollererer, dass ich da mitmachen kann und der Laden bis heute weder pleite noch explodiert ist.

Also von vorne: Mein Kumpel Pedee wurde geboren als Sohn von …, okay, das führt jetzt zu weit. Also, mein Kumpel Pedee wurde natürlich geboren, aber wir überspringen danach einfach ein paar Jahre.

Als er groß war, so groß ist er jetzt allerdings nicht, interessierte er sich einfach für die Gastronomie und wurde Restaurantleiter in einem leckeren Lokal in Ratingen. Dort fühlte er sich auch sehr wohl und trotzdem, je größer, okay, sagen wir älter, er wurde, desto stärker wurde der Wunsch nach einem eigenen Restaurant. Ta-da! Und hier komme ich ins Spiel, und der Dritte im Bunde, Jürgen. Wir sind quasi die zwei Nicht-Gastronomen mit Lust auf Mitmachen.

Gesagt, getan. Pläne wurden geschmiedet. Wo soll das Lokal sein? Machen wir das in Köln oder Bonn? Oder, oder, oder? Und wie soll es aussehen? Da gibt es ja himmelweite Unterschiede. Und das sogenannte Interieur wird ja immer wichtiger. Früher war das einfacher! »Guck, die haben geziegelte Torbögen und Hängeleuchten mit riesigen Kupferlampenschirmen über den Tischen!« – da wusste man: Das ist ein guter Jugoslawe! Der kann Fleisch! Bambusgitter, Tapeten mit sehr vielen Tieren und Pflanzen und am Eingang vielleicht noch ein Buddha – das ist der beste Chinamann im Ort. Oder Bambusgitter, Tapeten mit sehr vielen Tieren und Pflanzen und am Eingang vielleicht noch ein Tiger – das ist der leckere Inder. Heutzutage wird unfassbar viel Aufwand betrieben, damit ein flammneues Schickimickilokal aussieht, als wäre es ein hundert Jahre altes Café aus Paris, das sich witzigerweise irgendwie ins Einkaufszentrum von Castrop verlaufen hat. Essen und Ambiente müssen halt passen. Stellen Sie sich mal vor, Sie kommen in ein kölsches Brauhaus und der Köbes begrüßt Sie mit einem »Leckmich-inde-Täsch. Hier häste dinge Fisch!« und knallt Ihnen erstmal eine Inside-out-California-Sushi-Roll auf den Tisch. Zu viel Fusion ist halt auch nicht gut. Das Auge isst schließlich mit – auch bei den Möbeln.

Die örtliche Frage klärte sich recht schnell, als Pedee bei einer Fahrradtour – er ist ein sehr sportlicher Typ – auf unser

Goldstück traf. Damals hieß es noch »Zur Platte« und es präsentierte sich unserem zukünftigen Geschäftsführer in Tip-Top-Lage über dem Baldeneysee bei Essen. Restaurant und Essen – das passt doch wie Faust auf Goethe, oder?!

Draußen hing ein Schild: »Zu verpachten«. Da gab es kein Halten mehr! Schnappatmig brüllte Pedee uns am Telefon an, dass dies unser Lokal werden MUSS. Lange brauchten wir nicht zu überlegen. Pedee war ja schließlich der, der sechsunddreißig Stunden am Tag diesen Betrieb vor Ort schmeißen würde. Er ist unsere Ruhrpottpflanze. Er kennt und liebt seine Heimat. So fiel die Entscheidung gegen Köln oder Bonn und für Essen nicht schwer. Gesagt, getan! Es wurde sich getroffen, es wurde verhandelt, es wurde beratschlagt und, gar nicht mal so lange Zeit später, setzten wir unsere Otti – ich nehme an, dass Otti die Mehrzahl von Otto ist – unter die Verträge.

Sie war unser. Ein Name war schnell gefunden: »Villa Vue«! »Villa« in Anlehnung an die Villa Hügel, die man von uns aus sehr gut sehen kann, und »Vue« für den sensationellen Blick. Begeistert stellte ich fest, dass die Jungs sich beim Innendrin auch von mir durchaus mitberaten ließen und so hielten Lila, Magenta und Gold den Einzug in die »Villa Vue«. Im Keller, der kein Keller ist, weil wir ja am Hang liegen, gibt's eine Kegelbahn. Und oben gibt es leckeres Essen, nicht zu alltäglich und nicht zu experimentell, sondern einfach lecker. Die Angestellten sehen natürlich alle blendend aus und sind supernett. Die Leute kommen sehr gern zu uns, und zwar nicht, weil wir, wie ich es liebevoll nenne, eine

Promi-Bums-Bude sind, sondern weil man mit guter Laune und tollem Blick sehr schön bei uns essen kann.

Am Wochenende gibt es Kaffee und Kuchen, und wenn man jemanden sehr nett findet, kann man prima bei uns heiraten. Oder Sie kommen vorbei und lassen sich bei uns scheiden! Dazu reichen wir dann gerne EIN Dessert für zwei Personen. Dann ist der Streit vorprogrammiert.

Pedee führt das Tagesgeschäft, Jürgen hält ihm den Rücken frei und ich komme, wann immer Zeit ist und mache Quatsch. Mal mit dem Original-Waffeleisen meiner Oma Erna und mal beim »Boesschen Bingo-Buffet«, dem Kindergeburtstag für Große. Manchmal auch sonntags, um Kaffee und Kuchen zu verteilen. Da sind die Mitarbeiter dann auch immer froh, wenn ich wieder weg bin. Ich kann mir bis heute nicht merken, wo welcher Tisch steht, und muss tatsächlich auch alles einzeln tragen.

Das einzige Event, wozu ich meine beiden Kumpels nicht überreden konnte, ist der Mega-Super-Duper-Fett-Fondue-Abend bei uns in der »Villa Vue«. Pedee meint immer, dass es dann danach drei Wochen riechen würde wie in einer Pommesbude. Na und? Pommes sind doch prima? Wenn Sie dies gerade lesen, dann rufen Sie doch gerne mal in der »Villa Vue« an und quengeln rum, wann es denn endlich mal einen Fondue-Abend gibt? Sagen Sie gerne auch allen Freunden und Verwandten Bescheid. Ich wäre dabei. Falls Sie uns irgendwann dort besuchen, achten Sie einmal auf die vielen Vorhänge im Rondell. Die habe alle ich gewaschen! Und dann: Guten Appetit!

Beschwerde-Tourette, nur andersrum

Ich schwöre, es ist reiner Zufall, dass es direkt im Anschluss an das Restaurantkapitel um Nörgler geht. Echt, ehrlich. Wenn Sie wollen, beschweren Sie sich doch!

Kennen Sie diese Restaurantnörgler? Das sind so Menschen, die womöglich nur in ein Restaurant gehen, damit sie sich beschweren können. Das sind auch die, die immer noch laut »Herr Ober!« rufen.

»Herr Ober, mein Kaffee ist kalt!«, »Herr Ober, da ist ein Haar in der Suppe!«, »Herr Ober, ich wollte doch Bratkartoffeln statt Pommes!«, »Herr Ober, meine Frau ist hässlich!«, »Herr Ober!«, »Herr Ober!«, »Herr Ober!«.

Bestimmt wollen die das gar nicht anders. Das sind so Menschen, die wollen meckern. Wenn alles mal in Ordnung ist, dann stimmt doch da etwas nicht.

Ich unterscheide in mehrere Kategorien:

Die Immer-Nörgler – die finden einfach immer was zu meckern. Und ich denke, sie gehen genau deswegen ins Restaurant, damit sie ihre schlechte Laune abladen können. Denen bereitet es Genugtuung, dass sie Menschen bezahlen (ohne Trinkgeld natürlich), damit sie sich ihre Nörgeleien anhören müssen.

Die Niemals-Nörgler – da muss man noch mal unterscheiden. Sind das dankbare Gutmenschen, die sich einfach über alles freuen und nur eine schöne Zeit verleben wollen? Dann ist alles prima. Oder sind es Menschen wie ich, die auch eine schöne Zeit verleben wollen, sich aber aus diversen Gründen nicht trauen zu meckern? (Aber dazu später mehr.) Oder ist es die dritte Gruppe: Die Niemals-Nörgler-Karmajünger. Die ertragen im Restaurant alles und kritisieren nix, denn sie wollen kein ehrliches Feedback geben, damit sich der Service oder die Küche verbessert. Denn das wäre ja konstruktive Kritik! Die sind so niederträchtig, dass sie sagen: »Ich will gar nicht, dass die wissen, was die falsch machen. Die sollen ganz viele Gäste enttäuschen und dann machen die den Laden dicht und dann stehe ich diabolisch lachend davor und denk mir: Haha, das habt ihr jetzt davon, dass ihr mir ein lauwarmes Süppchen kredenzt habt.« Und dann gibt es noch die Niemals-Nörgler-hintenrum-Hater. Die sagen im Restaurant nix, legen dann aber in den Bewertungsforen los. Das sind dann also quasi verklemmte Immer-Nörgler!

Ich habe Hochachtung vor allen Menschen, die diese Nörgler dann bedienen müssen und auch noch höflich bleiben.

Ja, ja, der Gast ist König, auch wenn er sich benimmt wie ein Penner. Gott sei Dank bin ich Humordienstleister und arbeite nicht im Service. Ich würde achtkantig gefeuert werden.

»Ach so, ich durfte dem Herrn den Hackbraten gar nicht in die Kapuze stopfen?! Na gut, dann gehe ich eben wieder Witze erzählen!«

Zugegebenermaßen, auch wenn ich Beschweren gegen jeden Mist doof finde, so muss ich mir doch eingestehen, dass meine eigene Umgangsweise mit falschem oder schlechtem Essen auch nicht ganz normal ist. Wo andere ein Essenmäkel-Tourette haben, habe ich einen Bloß-nix-sagen-Stoizismus.

Mein Credo. Beziehungsweise, weil es gleich mehrere sind. Meine Credeos (ich denke, das heißt so):

»Gib mir kalte Suppe! Ich esse sie.«

»Bringe mir das falsche Getränk! Ich trinke es.«

»Oder bring gar nichts mehr zu trinken, dann trinke ich eben nix mehr.«

Ich kann einfach nix sagen. Beschweren ist mir total unangenehm. Ich habe sogar schon mal einen noch halb gefrorenen Camembert gelutscht. Ich kriege das einfach nicht hin. Ich schäme mich sofort und denke, dass mich dann alle für kompliziert halten könnten.

Beschweren sich andere in meiner Anwesenheit, schäme ich mich fremd. Total bekloppt! Natürlich soll man nicht ständig meckern, aber wenn was nicht stimmt, sollte man es ruhig sagen.

Als ich letztens mit meiner Freundin Nora essen war, fragte sie mich plötzlich: »Na, musst du nicht mal eben aufs Klo?«

Auf meinen fragenden Blick erklärte sie mir, dass sie sich kurz beschweren wollte, weil mit dem Essen etwas nicht stimmte, und sie wolle mir diese Situation durch den Klogang ersparen.

Eigentlich sehr nett, aber irgendwie auch erschreckend,

dass auf meine Beschwerdeneurose beim Restaurantbesuch schon Rücksicht genommen wird.

Ich frage mich, woher diese Neurose wohl kommt. Finde sie allerdings auch nicht weiter schlimm und komme immer wieder bei einer alten Dame im Hotel Corallo in Marina Romea raus.

Sie legte wohl den Grundstein für meine Beschwerdeabneigung.

Aber ich muss weiter ausholen.

Eigentlich hatten wir gar keine Ferien im Hotel Corallo in Marina Romea gebucht. Sie wissen ja. Ich bin Lehrerkind, und wie machen Lehrer Urlaub? Richtig! Individual!

Also hatten meine Eltern im Vorfeld eine nette kleine Ferienanlage rausgesucht und dort einen süßen Bungalow für uns vier angemietet.

Irgendwie entpuppte sich diese nette, kleine Ferienanlage aber bei Anreise als einfacher Campingplatz und der süße, kleine Bungalow als Bretterverschlag mit zwei Miniräumen, einer mit Stockbett für die Kinder und der andere zumindest mit einem Ehebett für die Eltern. Verbunden waren diese Räume nur durch eine schmale Veranda vor dem Häuschen, und eine Nasszelle gab es gar nicht. Dass diese ganze Situation so elend war, hätten wir Kinder ja erst einmal gar nicht gemerkt – hatten wir doch Strand und Pinienwälder quasi vor der Zimmertür –, wäre meine Mutter nicht mit einem leisen Wimmern weinend vor dieser Bretterbude in sich zusammengesunken.

Aber sie wäre nicht meine Mutter, und wir wären nicht Familie Boes, wenn diese trübe Laune nicht auch zügig wieder verflogen wäre. Meine Mutter ergab sich ihrem Schicksal, behauptete, dass man es sich überall schön machen könne, verschwand im Pinienwald und kehrte mit ein paar Pflanzen wieder zurück. Den kleinen Tisch vor der Bude schmückte sie, indem sie einen ihrer Unterröcke zerriss und daraus eine schmucke Tischdecke bastelte. Darauf kam eine Pulle Wasser vom Proviant von der Fahrt, da rein die Pflanzen, fertig war die Laube!

Gut, richtig eng freundeten sich meine Eltern mit dem Campingplatzleben nicht an, und so kam es, dass wir nach nur einer Woche Aufenthalt ins Hotel Corallo zogen, auf das man die ganze Zeit vom Campingplatz schon gucken konnte.

Dort war es sehr schick, und dort bezogen wir Familienzimmer 514: *Cinquecentoquattordici.*

Ich war gerade mal im ersten Schuljahr, aber diese italienische Zahl habe ich mit Hingabe geübt. Sie hatte nämlich zwei Vorteile: Man konnte sie höflich sagen und bekam dann an der Rezeption den Zimmerschlüssel, oder aber man sagt sie fröhlich am Pool, nachdem man eine Fanta hatte und/oder diverse Eis, und es schien so, als wenn dann alles nichts kostete. Dasselbe System gab es übrigens auch mal im Winter in unserem Lieblingsfamilienhotel in den Dolomiten: Hotel Bella Vista. Dort erklärten mir meine Eltern, dass ich gerne an der Hotelbar ein Eis nach dem Skikurs essen könnte. Ich müsste dann nur die Zimmernummer sagen, dann müsste ich nix bezahlen. Das war toll!

Bereits am ersten Abend fragten meine Eltern nach der

Barabrechnung besorgt, ob es mir denn gutgehe, ob ich gar keine Bauchschmerzen habe. Ich verstand die Frage nicht. Aber sie resultierte aus der Tagesabrechnung der Hotelbar, auf der zwölf Eisbecher aufgelistet waren.

Ach so! Ich hatte meinen kompletten Skikurs an die Bar mitgenommen, so nach dem Prinzip: »Hey, kommt doch mit zu mir ins Hotel, da muss man für sein Eis gar nichts bezahlen. Da sagt man einfach nur die Zimmernummer, und dann kostet das nix!«

Wir konnten dieses Missverständnis klären, und den Rest der Ferien nahm ich dann immer nur noch den harten Kern der Skischüler mit an die Bar für das Gratiseis.

Aber zurück zum Hotel Corallo.

Eis und Getränke gab es am Pool, aber gegessen wurde in einem großen Speisesaal, und genau dort, und zwar direkt am Nachbartisch, trafen wir auf besagte alte Dame mit dem Beschwerde-Tourette. Da saß sie nun, und bereits am ersten Abend unseres Aufenthaltes ließ sie die Vorspeise, sehr leckere Pasta mit Garnelen, sage und schreibe drei Mal wegen »zu kalt«, »zu warm«, »zu nudelig« zurückgehen. Das Ganze in einem respektlosen Ton dem Kellner gegenüber.

Sie hatte an diesem Abend Glück, dass meine Mutter, die sonst kein Blatt vor den Mund nimmt (von wem sie das wohl hat?), einfach zu gut gelaunt war. Zu nah war noch die Erinnerung an den Bretterverschlag mit der Unterrocktischdecke.

Als allerdings mein Bruder am nächsten Abend diesen Reklamierservice auch mal in Anspruch nehmen wollte, wurde er mit lauten und bestimmten Worten meiner Mutter abrupt gestoppt: »Hier wird jede einzelne Nudel gegessen, und wir wollen uns nicht so erbärmlich benehmen wie diese Schrabnelle vom Nachbartisch!«

Nach dieser einen Tuck zu lauten Ansage blieb es auch am Nachbartisch ruhig – zumindest an diesem Abend.

Seitdem habe ich noch oft Fremdscham empfunden, wenn Menschen im Restaurant ihre gute Kinderstube über Bord geschmissen haben.

Und davon gab es so einige Situationen!

Einmal wollten wir kurz bei einer amerikanischen Fast-Food-Kette anhalten. Nicht beim goldenen M, sondern bei denen, die sich ganz zurückhaltend als die Könige der Bulette bezeichnen. Drive-Ins ziehen mich magisch an. Essen, ohne aus dem Auto auszusteigen – das nenn ich Komfort! Doof nur, wenn das Fast-Food sich in unserem Fall eher als Long-Wait-Food herausstellt. Die Schlange am Schalter war zwar kurz, gestaltete sich zeittechnisch aber als ziemliche Herausforderung. Und das nicht, weil die Menschen vor mir so unfassbar viel bestellten. Es dauerte einfach, und der Grund war nicht auszumachen. Genau das schien den Cabrio-Fahrer vor mir zu stören. Es war ein sehr, sehr kleines Cabrio von Smart, aber auch bei diesen Mini-Autos kann man das Dach weit aufmachen. Vielleicht hatte er auch deswegen das Verdeck auf, weil er dachte, dass es gleich Burger ohne Ende in seinen Wagen regnen könnte. Tat es aber nicht, was ihn erst auf die Palme brachte und dann auf die Hupe. »Was dauert das denn so lange?« Hup! Er meckerte, moserte, hupte und fing dann wieder von vorne an. Als er endlich am Schalter angekommen war, schrie er ins Fenster: »WAS DAUERT DENN DAS SO LANGE?« Ich hörte eine kleinlaute Stimme antworten, die davon sprach, dass ein Mitarbeiter krank sei und sie alles alleine machen müsse. Was der Cabriofahrer mit quietschenden Reifen und einem lauten F-Wort quittierte. Und ich sag mal so: Das F-Wort war nicht Fritten.

Andere Situation in einem hervorragenden südafrikanischen Restaurant. Es rollt rein: die Queen of Mecker. Geschoben von ihrem Sohn – jeder andere Mensch wäre wohl freiwillig weggelaufen, aber er schien das aus genetischen Verwandtschaftsgründen ertragen zu müssen. Schon beim Reinkommen erregte die Queen of Mecker meine Aufmerksamkeit, denn sie war äußerst gut gelaunt und vollkommen euphorisch, weil es zum Südafrikaner ging. Deswegen jubilierte sie lauthals: »Ich mag Schwarze!« Das war auf viele Arten verstörend. Es kann ja jeder alles mögen, was er will, aber sie sagte das mit einem heroischen Unterton, als wäre es etwas Besonderes und als sollten sich die Schwarzen irgendwie geehrt fühlen, dass sich eine weiße Frau so für sie begeisterte. Sie führte allerdings nicht weiter aus, warum genau sie Schwarze mochte. Es war eher so was Pauschales. Was noch mehr verwirrte, denn in diesem südafrikanischen Restaurant gab es weit und breit keinen einzigen schwarzen Menschen. Weder an den Tischen, noch am Tresen, auch kein Ober, und auch der Koch war nicht schwarz, das konnte man in der offenen Küche gut erkennen. Aber vollkommen egal. Alle sollten es wissen: Diese Frau »mag Schwarze«.

Ich hakte diese Anfangsszene also ab und dachte mir, dass

sie es wohl als Eisbrecher meinte – auch wenn es irgendwie gutgemeint rassistisch rüberkam. Meine Aufmerksamkeit war allerdings geweckt, ich konnte nicht anders, als sie zu beobachten. Und es lohnte sich. Der Ober stellte sich brav vor und begrüßte seine Gäste höflich, was die Dame natürlich mit den Worten kommentierte: »Sie sprechen aber gut Deutsch.« Ich wollte schon rufen: »Ja und? Der Kerl ist wahrscheinlich Sportstudent und jobbt hier eben als Kellner. Sorry, dass er nicht schwarz ist!« Aber es ging Schlag auf Schlag weiter: »Was ist denn ein typisch südafrikanisches Gericht?«, fragte sie den Kellner und ließ sich dann die komplette Karte vorbeten. Denn es war ja ein Spezialitätenrestaurant, in dem alles auf der Karte südafrikanisch war. Gerichte wie Wiener Schnitzel oder Leipziger Allerlei fehlten komplett. Und bei jedem Gericht ließ sie sich die Zutaten erklären, denn es stellte sich heraus, dass die Gute weder Zwiebeln noch Paprika vertrug, und scharf mochte sie auch nicht. Beim Fleisch wurde dann kritisch die Zubereitung hinterfragt, denn: »Ich mag es nicht, wenn das Fleisch zäh ist.« Wer hätte das gedacht. Krasse Sache. Sie hatte dann auch gleich noch Tipps zur Fleischzubereitung parat. »Sind die Pilze frisch oder aus der Dose?«, war die nächste Frage. Das interessierte mich auch brennend. Ich hoffte, dass der Kellner so etwas sagen würde wie: »Die sind aus der Dose. Die ist von 1985, und weil die schon so lange abgelaufen sind, sind die giftig. Das fällt aber gar nicht auf, weil wir sie mit Paprika und Zwiebeln anbraten und danach in Chili ertränken.« Leider war die Antwort: frisch.

Schlussendlich wurde ein Gericht gefunden, und die Frau ist auch nicht mit in die Küche gegangen, um sich das Fleisch selber zuzubereiten.

Ihren Sohn hatte die peinliche Bestellorgie wohl ziemlich durstig gemacht, denn er bestellte sich im Folgenden sehr oft sehr viel Bier – und zwar das, was NICHT typisch südafrikanisch war. Und spätestens als auch er mit dem Meckern anfing, wusste ich: Die müssen verwandt sein. Als der Biernachschub in seinen Augen stockte, raunzte er den Kellner an: »Tschuldigung, kann ich IHNEN vielleicht ein Bier bringen?« Als das Bier kam, kam auch die nächste Spitze: »Ich wollte schon anrufen und das Bier über Lieferando bestellen. Vielleicht geht das ja schneller.«

Ich weiß ja nicht, was Sie so sagen, wenn Sie sich ein leckeres Essen ausgesucht haben, wenn Sie freudig erregt auf die Lieferung warten und Ihnen das dampfende Essen dann schlussendlich an den Tisch serviert wird. Vielleicht sagen Sie so was wie: »Hmm, das sieht ja lecker aus«, oder »Das riecht aber gut«. Was sagte die Frau am Nachbartisch als das Essen kam? »Das reicht nicht.«

Mir reichte es vollkommen. Am liebsten hätte ich mir die leckeren Kartoffeln in die Ohren gesteckt und mich in meinem Eintopf vergraben. Ich überlegte, ob ich den Kellner in den Arm nehmen sollte oder ob ich ihn einlade in den Urlaub. Ich beließ es dann aber bei aufmunternden Blicken und einem gewaltigen Trinkgeld. Quasi als Wiedergutmachung.

Lustig war's dagegen mal im Skiurlaub. Ein schnuckeliges Hotel. Nicht besonders fein, aber der Besitzer war wohl

Weinliebhaber. Das Essen war gut, der Wein war hervorragend. Stellen Sie sich die Bibel vor. Die ist ein schmales Reclam-Heftchen gegenüber dieser Weinkarte. Jeder Wein war liebevoll beschrieben, und es gab nicht weniger als eine komplette Biographie des jeweils dazugehörigen Winzers. Wir hatten festzugewiesene Tische, was dazu führte, dass man Neuankömmlinge ziemlich schnell erkannte. So wie an diesem Abend, als das nette Rentnerpaar neben uns ersetzt wurde durch eine russische Traumfamilie. Alle: gekleidet in Marken, die sehr teuer sein mussten, weil sie auf jedem Kleidungsstück groß draufstanden. Sie: blondiert, mehrfach operiert und geschmückt wie ein Christbaum. Es: ein süßes Mädchen, das kurzerhand beim Essen vors iPad gesetzt wurde. Immerhin mit Kopfhörern, damit die russische Kinderserie die anderen Gäste nicht störte. Was bestimmt gut war, denn in der russischen Kinderserie wurde sicher recht viel geschossen. Er: Typ Öl-Oligarch, mit der eigenen Zwanzig-Meter-Yacht in die Alpen geschippert. So zumindest war sein Auftreten. Der Kellner bekam gleich ein paar Scheinchen zugesteckt, weil er ja so einen wunderbaren Tisch organisiert hatte. Wir wurden jovial begrüßt, und als er die Aufmerksamkeit der ganzen Ecke auf sich gezogen hatte, bestellte er lauthals: »Bringen Sie mir die teuerste Flasche Wein, die Sie haben.« JETZT hatte er wirklich die Aufmerksamkeit des ganzen Restaurants. Der Kellner hielt verschmitzt lächelnd kurz den Atem an und fragte nach: »Rot oder weiß?« – »Egal. Es ist Urlaub. Nur gut muss er sein.« Ich schwöre: Es wurden diverse Essen kalt, als der Ober die unscheinbare Flasche brachte, zeigte und dann fachmännisch entkorkte. Der selbsternannte Öl-Oligarch probierte und machte eine anerkennende Bewegung. Seine Frau durfte sogar auch probieren. Zuckte aber nur mit den Schultern. Das Mädchen war zu beschäftigt zum Probieren. Es wurde sicher wieder geschossen auf dem iPad.

An den Nachbartischen wurde hier und da heimlich in der Weinbibel geblättert. Ja, tatsächlich. Er hatte es wirklich getan. Später kam dann auch der Hotelbesitzer und beglückwünschte den Russen zu seiner Wahl. Er habe die Flasche schon lange in seinem Besitz und wollte jetzt natürlich ein Urteil hören. Stolz verkündete der Russe: »Gut«, und trank noch einen großen Schluck. Rot oder weiß war ja egal. Falls Sie sich fragen, was diese Episode mit Meckern zu tun hat. O ja. Gemeckert wurde am Tisch der Russen den Rest des Urlaubs. Und wie! Zu warm, zu kalt, zu wenig, zu viel. Vielleicht lag es ja am Preis des guten Tropfens. Und alle, die damals dabei gewesen sind, erinnern sich noch an das säuerliche Gesicht, das der Russe machte, als die Rechnung kam: eine Flasche Wein – dreitausendfünfhundert Euro. Au chanté!

Einmal gab es eine wahnwitzige Situation auf Kreta, bei der man sich nicht nur des Menschseins schämte, sondern einfach auch mal seiner Nationalität.

Ich war mit meinem damaligen Freund nach Kreta in die Ferien geflogen, und wir hatten ein total süßes Restaurant im Hafen von Rethymnon entdeckt. Es hieß »Seven Brothers«, und es gab wahnsinnig leckeren Fisch, außerdem gab es wahnsinnig freundliche *seven brothers*, die einem jeden Wunsch von den Augen ablasen. Am Ende des Essens gab es einen Ouzo aufs Haus.

An einem Abend saß ein älteres deutsches Pärchen am Nachbartisch, Typ Tennissocke in Sandale. Die Konversation zwischen den beiden war auf ein Minimum heruntergeschraubt, aber als der Schnaps des Hauses aufgetischt wurde, tauten sie auf.

»Was ist das?«

»For you, from us!«

»Das haben wir nicht bestellt!«

»Take it, please. It's free.«

»Was wir konsumieren, bezahlen wir auch. Nehmen Sie das wieder weg!«

Bähm! Was für Honks! Was für eine Fremdscham! Wie kaka kann man bitte schön sein?! Meine Güte, da habe ich lieber 'nen Spleen und lutsche einen unaufgetauten Camembert.

Also, Fazit: Bevor Sie das nächste Mal im Restaurant sinnlos den Ober bepöbeln, gehen Sie einfach mal kurz in sich, ob es denn wirklich alles so schlimm ist. Die Erinnerung an dieses bescheuerte Pärchen ist mir dermaßen auf den Magen geschlagen, ich genehmige mir jetzt erst einmal einen Ouzo. Prost!

Die ganze schockierende Wahrheit über ›Grill den Henssler‹

Wenn man für das Fernsehen arbeitet, erlebt man oft bekloppte Sachen. Lustig-bekloppte und traurig-bekloppte oder aber auch einfach nur bekloppt-bekloppte.

Da ich in der tollen Position bin, mir aussuchen zu können, was ich machen will, habe ich bisher wenig doofe Dinge machen müssen. Falls Sie mich schon im Fernsehen gesehen haben sollten, wie ich doofe Dinge mache … also ich hatte Spaß dabei. Aber hey: Wer weiß, wie die Karriere weitergeht, vielleicht sehen Sie mich irgendwann nackt und tätowiert auf einer Insel rumspringen, wie ich versuche, mir einen Bachelor zu schnappen oder einen Känguruhoden. Zugegeben, es kamen aber schon abgefahrene Anfragen.

Erste Staffel *Dschungel* wurde mir angeboten, aber mein Bauchgefühl ließ mich nicht im Stich, und ich habe höflich abgesagt. Puh, alles richtig gemacht! Da es die erste Staffel war, wusste man ja noch gar nicht, worauf man sich da einlässt. Umso erstaunter bin ich jedes Jahr aufs Neue, wenn Camper in der gefühlten Staffel siebenunddreißig am Lagerfeuer sitzen und sich über Ranger, Spinnen, Schlangen und Reptilgenitalien zum Abendbrot wundern. Haben die kein Fernsehen? Informieren die sich nicht? Ich denke jedes Mal:

Ich wäre wohl auch die Erste gewesen, die sich da mit den anderen Assis kloppen würde. Ständig würde ich: »Ich bin ein Star! Holt mich hier raus!« brüllen, und extra würde man mich drin lassen, um mich weiter leiden zu sehen.

Einige meiner Freundinnen würden mich gerne bei *Let's Dance* sehen, und tatsächlich kam vor zwei Jahren dafür mal eine Anfrage. Ich mit meinen mehrfachen Bandscheibenvorfällen?! Eine Hebefigur mit Massimo Sinató (um gestemmt zu werden, müsste ich allerdings vorher mal wieder etwas Sport treiben), und ich würde in der Mitte zerbersten. Mein Torso würde sich einfach von meinem Unterleib trennen. Herr Llambi hätte sicher seinen großen Spaß daran.

Ich hatte doch meinen schlimmsten Bandscheibenvorfall eine Woche nach einer Fernsehsendung. Es war eine echt lustige Sendung mit Martin Rütter, und ich war Kandidatin. Da ich damals schon akut mit dem Rücken zu tun hatte, habe ich nach Rücksprache mit meiner Krankengymnastin auf das Kamelreiten unbedingt verzichtet, um mich dann allerdings in der Show mit einem Ball am Po von Windhunden jagen zu lassen. Komisch! Warum meine Bandscheibe darauf wohl so schlecht reagiert hat?!

Eine sehr lustige Begebenheit hatte ich einmal beim *Red Nose Day*, als ich mit Hennes Bender und Rüdiger Hoffmann im Simpsons-Kostüm einen Sketch spielen sollte. Eigentlich wären wir mit der Probe drangewesen, mussten uns aber nochmal hinsetzen, weil Gwen Stefani herself angereist war und beim Proben vorgezogen wurde. So saßen wir in der ersten Reihe und sahen diesem Weltstar beim Singen zu. Hennes Bender brachte auf den Punkt, was alle dachten: »O Gott, ich sitze in der ersten Reihe, gucke Gwen Stefani zu und trage dabei eine überdimensionale Bart-Simpson-Maske. Schlimmer geht's nicht mehr!« So habe ich schon vieles erlebt, und das meiste war sehr lustig.

Besonders stolz bin ich auf meine Teilnahme bei einer Volksmusik- und Schlagersendung, als ich im Katzenkostüm zusammen mit Udo Walz Angelika Milster zu einem Bühnenjubiläum überraschen durfte. Oder als wir im Fernsehgarten mit einem Wasserball einer berühmten Schlagerdiva die Brille vom Kopf geschossen haben.

Mich kann man aber auch wirklich schwer ins Bockshorn jagen! Ich habe einfach lieber Spaß als keinen.

Eine Sache, die auch lustig und bekloppt-bekloppt war, aber auf keinen Fall traurig, war, als ich 2019 gefragt wurde, ob ich mir vorstellen könnte, Jurymitglied bei *Grill den Henssler* zu werden. Meine erste Frage, die ich mir dabei stellte, war: »Warum ich? Ich bin ein Clown! Was soll ich da? Lustig essen?«

Okay, ich bin Mitinhaberin eines Restaurants, und dann auch noch in Essen, aber macht mich das zu einer Essenskritikerin? Andererseits – essen kann ich doch! Fragen über Fragen. Außerdem ist es doch irgendwie absurd, wenn man sich vorstellt, dass mir Zuschauer dabei zuschauen, wie ich Promis dabei zuschaue, wie sie kochen, und danach alle mir dabei zuschauen, wie ich das esse, und hören wollen, wie ich das Essen finde – ohne dass das einer überprüfen kann. Selbst wann man am Fernseher leckt, weiß man nicht, wie die Forelle schmeckt, die ich da auf dem Teller habe. Nach einiger Zeit hörte ich auf, mir Fragen zu stellen oder mir Gedanken zu machen, und kam zu dem Ergebnis, dass diese Kochshow am Ende ja auch eine Unterhaltungssendung sein soll und ich wohl für diesen Part angefragt worden bin. Unterhalten und Spaß in die Runde bringen und, falls es zu einem Handgemenge zwischen Reiner Calli Calmund und Christian Rach kommen sollte, freundlich lächeln.

Was natürlich nicht nötig werden wird, da Calli und Christian in Wirklichkeit dufte Typen sind und in echt eigentlich auch dicke Kumpels. Obwohl, dick ist ja nun keiner mehr!

Also sagte ich zu und zog mit meinen Mädels – Silvie und Kathrin: Maske und Kostüm – in die erste Staffel.

Mittlerweile hab ich eine grobe Ahnung, dass so eine Kochshow viel mehr ist. Wir gucken Promis zu, wie sie brillieren oder scheitern. Die einen lassen das Wasser anbrennen, die anderen überraschen auf ganzer Linie. Auch in anderen Formaten geht es ja nicht nur ums Kochen. Wir gucken heimlich in fremde Küchen, sehen, wie andere so wohnen, was sie einkaufen, wie herrlich sie sich anstellen, wie sie ihre Gäste bewirten oder quälen und wie sie Nudeln schlürfen und abwaschen. Entweder für Punkte oder um die Liebe des Lebens kennenzulernen. Herrlich! Und das alles passiert links und rechts vom Tellerrand.

Aufzeichnungsbeginn bei *Grill den Henssler* ist in Köln-Ossendorf immer so gegen 18:00 Uhr, Ende oft erst gegen 23:00 Uhr. Brutto also circa fünf Stunden Aufzeichnung, netto für mich aber vier Gänge, die es zu bewerten gibt. Sagen wir mal, zehn Minuten essen pro Gang und sagen, wie es schmeckt. Bedeutet, etwa vierzig Minuten »on air« und vier Stunden, zwanzig Minuten Zeit in der Garderobe.

Im Laufe der Staffeln entwickelten wir Mädels tolle Hobbys: Eulen nähen, Babuschkas bemalen, Mandalas kritzeln und natürlich Eierlikör probieren und irrsinnige Frisuren auf meinen Kopf zaubern.

Was auch ein super Wartezeitverkürzer ist: eine Plauscherei mit Calli und Christian. Oder aber einfach schlimmes Fernsehen gucken. Kurz gesagt: Es ist ein toller Job mit netten Leuten. Vier Mal gibt es leckeres Essen, dem ich 0 bis 10 Punkte geben darf, und nur selten war was komplett Ungenießbares dabei.

Ich will hier ja auch keine Namen nennen, aber einer hat mal beim Pancakebrutzeln Zucker und Salz verwechselt.

Steffen Henssler ist ein Garant für guten Geschmack, gepaart mit einem unbremsbaren Siegeswillen. An sich eine wunderbare Angelegenheit. So macht Fernsehmachen Spaß! Vor der ersten Staffel bekam ich Angst, dass ich ganz dick werde vom vielen späten Essen. Darum hatte ich mir den tollen Plan ausgedacht, einfach den ganzen Tag bis zur Aufzeichnung nix zu essen und nur einen kleinen Bottich Almased zu mir zu nehmen. Dies führte dazu, dass ich auf dem Weg ins Studio zum ersten Gang einen derartigen Hungerast hatte, dass ich eigentlich niemandem begegnen durfte, damit ich ihn nicht noch auf dem Gang reißen und verspeisen würde.

Mein Gott, hatte ich einen Kohldampf! Am liebsten hätte

ich Calli ein Kotelett aus dem Oberarm gebissen. Der bemerkte in der Sendung dann auch, dass ich, selbst wenn ich vielleicht mal nur fünf Punkte gegeben hatte, mein Teller immer restlos leergefuttert war. Naja, ich sollte ja den Geschmack beurteilen, und zum Sattwerden kann man auch schon mal über ein Mittelmaß herfallen.

Also nahm ich in der ersten Staffel kein Gramm zu. Im Laufe der folgenden Staffeln warf ich diese Herangehensweise irgendwann über Bord und futterte mir ein kleines Bäuchlein an. Calli wurde immer weniger und ich halt mehr.

Vielleicht ist das auch der Vorteil von Formaten wie *Let's Dance* und dem *Dschungel*: DA nimmt man auf jeden Fall ab.

Das leckerste Essen war für mich ein Nachtisch, zubereitet von Eko Fresh: eine Art Baklava mit Engelshaar. Yamm!

Die größte Überraschung war vielleicht ein Comedykollege, seinen Namen verschweige ich lieber, denn ich wollte unbedingt, dass sein Essen ganz schrecklich schlecht war. Aber leider waren das am Ende doch wirklich äußerst leckere Buletten. Was mich irgendwie fuchste.

Das erbärmlichste Essen kam auch von einem Mann, den ich aber hier nicht reinreißen will. Sie wissen ja ... Lieber Salz- und Zuckermann, falls du das hier liest, sei nicht traurig! So etwas kann doch mal passieren.

Irgendwann werde ich die Segel streichen und weiterziehen und meinen Platz einem anderen mit Ess-Appetit übergeben.

Aber ein bisschen diniere ich noch mit.

Mir fällt gerade auf, dass die Überschrift des Kapitels vielleicht ein bisschen reißerisch war, aber da ist wirklich alles toll! Gut, bis auf die versalzenen Pancakes, und den Namen verrate ich genauso wenig wie den vom Bulettenbräter.

Mirjas Geheimrezepte (die nun nicht mehr geheim sind, weil ich sie ja aufschreibe und Sie diese nun lesen können)

Sie haben es vielleicht schon gemerkt, das Buch in Ihren Händen wird rechts immer weniger. Es nimmt ab, während die linke Seite immer dicker wird. Das ist keine Magie. Das Buch ist nur bald alle. Deswegen läuten wir jetzt mal so langsam das »Lebewohl« ein. Und es gibt Geschenke. Weil Sie bis hierhin so brav durchgehalten haben. Falls Sie heimlich ein paar Seiten vorgeblättert haben: Schämen Sie sich! Fertig mit schämen? Dann weiter im Text.

Ich verrate Ihnen auf den nächsten Seiten ein paar Speisen, die ich des Öfteren bei mir zu Hause zubereite. Es ist keine Quantenphysik, denn ich koche gar nicht mal so gerne. Aber wer essen will, muss auch schon mal kochen, also wenn es gar nicht anders geht oder wenn der Herr Lieferando krank oder im Urlaub ist.

Gemischter Teller für Kinder

Ein Toastbrot mit Butter und Salami in vier kleine Appetit-Häppchen geschnitten, dazwischen kleine Cocktailtomaten, ein paar Oliven, diverse Röllchen Schinkenwurst, wie an der Fleischtheke vom Supermarkt, eine halbe Schlangengurke in fachgerechte, fingerdicke Scheiben schneiden, fertig!

Coq au vin

Siehe chefkoch.de! Ansonsten aber Huhn und sehr viel Rotwein, ... auch trinken!

Fettfondue

Topf, Feuer, Fett, viel Fleisch, noch mehr Soßen, fertig!

Nudeln mit Butter und Salz

Spaghetti 'nen Tuck mehr als bissfest in Richtung Weichkochen abschütten, ein Stück Butter drauf und dann Salz drüber, obendrauf noch Parmesan, fertig!

Alternativ ist auch Maggi eine echte Erfahrung und statt Parmesan dann Fondor. Dann aber viel trinken. Am besten wie beim Coq au vin.

Entsteht der Wunsch noch nach Tomatensause? – Kann ich auch: Dose passierte Tomaten öffnen, Zwiebeln anbraten, Tomaten drüber, Pfeffer, Salz, kurz aufkochen, fertig!

Pfannkuchen in Bunt

Eier, Mehl, Milch und ein Schuss Mineralwasser – wegen der Fluffigkeit –, zusammenrühren und in der Pfanne Öl erhitzen, Teig rein und 'nen flotten Pfannkuchen braten. Der Clou? Statt Zucker und Zimt oben bunte Streusel aus Zucker draufstreuen. Ganz servieren oder zu einer Rolle zusammenrollen und kleine Scheiben abschneiden, fertig!

Was nicht so gut ankam: den Pfannkuchen in großem Stil mit Lebensmittelfarbe einfärben, z. B. Grün sieht einfach Kacke aus!

Frikadellen, Bremsklötze, Frikos, Buletten, Klöpse, Hackbällchen, Fleischpflanzerl, Fleischklöße, wie auch immer ...

Hack von der Kuh kaufen, Zwiebeln klein schneiden, Hack, Zwiebeln, Eier und Brotkrumen mit einem Schuss Mineralwasser mischen und mit Pfeffer, Salz und Paprika würzen, zu kleinen Klöpsen rollen, wahlweise unter der Achsel, und in der Pfanne in Öl anbraten, fertig!

Interessante Verfeinerung: Koriander und Rosinen dazugeben, gibt eine orientalische Note, und die Kinder gehen nicht dran.

Fischstäbchen mit Spinat und Kartoffelpü

Fischstäbchen aufmachen und in den Backofen schieben oder in die Pfanne schmeißen, Rahmspinat in den Topf und warm machen, Kartoffelpü aus der Tüte mit Hilfe von Milch, Wasser, Butter und Salz zubereiten, alles in schöne Lager aufgeteilt auf einem Teller servieren. Wahlweise kann über das Kartoffelpü noch ein halber Liter Gewürzketchup geschüttet werden.

Es soll Menschen geben, die regelmäßig in den Wohnmobilurlaub fahren, regelmäßig viel zu spät den ersten Stellplatz anfahren und dann regelmäßig ein Notessen zubereiten. Fischstäbchen mit Maggi sind bei diesen Menschen wohl ein ganz besonderes Highlight. Nicht lecker, aber eine gern erzählte Geschichte auf dem Weg in die Wohnmobilferien. So richtig mies sind die wohl, wenn der Wagen (was natürlich regelmäßig der Fall ist) schief steht und die Fischstäbchen in der schiefen Pfanne auf der einen Seite verbrannt und auf der anderen fetttriefend sind.

Aioli schnell gemacht

Mayonnaise aus dem Glas mit Joghurt vermengen, Knoblauch reinpressen, etwas Pfeffer und Zitrone und Salz, fertig! Gibt 'ne durstige Nacht! Deswegen sollten Sie wie beim Coq au vin was tun? Richtig: Viel trinken. Am besten Rotwein, Weißwein, vielleicht sogar Grün- und Gelbwein!

Bœuf Bourguignon

Siehe kuechengoetter.de. Ansonsten Pilze, Speck, Rinderfilet und viel Burgunderwein, ... auch trinken!

Raclette

Raclette-Käse auspacken, sehr viele Dosen mit kleinen Sachen öffnen, Raclette-Set aus dem Keller holen, in die Steckdose stecken und alles so lange überbacken und essen, bis man nicht mehr kann. Damit man noch satter wird, passen dazu Pellkartoffeln mit Aioli.

Natürlich gibt es unendlich viele Variationen beim Raclette, und ich bin immer sehr überrascht, wenn Kinder, die sonst vor so ziemlich allem fies sind, auf einmal das große Ausprobieren anfangen, und das beste Essen der Welt ist plötzlich: halbrohes Hack mit kaltem Mais aus der Pfanne, aber mit gaaaanz viel Käse überbacken.

Was angeblich auch schmecken soll: Hack mit Dosenchampignons ins Pfännchen, gerne ein Schuss Dosenchampignondosenwasser dazu, das dann unter einer dicken Käsedecke beerdigen und so lange garen, bis kaum noch Dosenwasser vorhanden ist. Pfeffer, Salz, fertig.

Sauerbraten mit Klößen und Rotkohl

Leckeren Sauerbraten beim Metzger kaufen, kurz scharf anbraten, dann mit Soßen und Rosinen irre lange in den Backofen schieben. In der Zwischenzeit Rotkohl garen (wichtig: Er heißt ROTkohl, wenn er aussieht wie GRAUkohl, ist was schiefgelaufen) und Klöße rollen. Wenn das Fleisch fast zerbröselt mit dem Rest servieren. Lecker dazu: Apfelkompott.

Hier noch ein Rezept für oberschlesische Knödel, die aussehen wie Kuh-Hufe und auch so heißen. Kartoffeln (vorwiegend festkochend) schälen, kochen, pressen, pressen, noch mal pressen, und überhaupt so lange pressen und stampfen, bis keine Klumpen mehr drin sind. Alles abkühlen lassen.

Dann ein bis zwei Eier rein und dann so lange Mehl dazugeben und verkneten, bis der Teig fast nicht mehr an den Fingern klebt. Falls Sie fragen: Wie viele Kartoffeln und wie viel Ei und Mehl man jeweils braucht …? Die Antwort ist ganz klar: Kommt drauf an, ich weiß es nicht. Hauptsache, das fiese Zeug klebt nicht mehr an den Fingern. Mein Tipp:

Legen Sie sich einen Löffel parat, um den Baukleister von den Händen zu streifen. Anschließend wird der Teig ausgerollt und daraus eine Rolle geformt. Fällt er dabei auseinander, muss nachgeknetet werden. Theoretisch passen gefühlt acht Kilo Mehl in ein Kilo Kartoffeln – dann isst man am Ende aber Tennisbälle. Sobald die Rolle fertig ist, werden davon Stücke abgeschnitten, die ungefähr zwei Finger breit sind, und in Bälle verwandelt. Anschließend werden die Klöße vorsichtig in kochendes Wasser gegeben. Wichtig: Sie sollten nicht am Boden kleben. Zur Not also leicht umrühren. Kochzeit: kommt drauf an. Fertig sind die Knödel auf jeden Fall, wenn sie an die Oberfläche schwimmen. Dann mit einer Lochkelle rausfischen, abtropfen lassen und servieren. Vorteil: Man macht immer zu viele Knödel! Das heißt: Am nächsten Tag kann man sie herzhaft mit Butter, Pfeffer, Salz, Speck, Käse oder was auch immer goldbraun anbraten.

Falls Sie die Knödelkunde irgendwann ausreichend beherrschen: Stecken Sie mal ganze Zwetschgen in die Knödel. Wenn die fertig gekocht sind, mit brauner Butter und Puderzucker übergießen, aber Vorsicht: Das Zeug macht süchtig.

Sushi

Am besten Lieferando!

Grillen

Auf die Weide laufen und mit der Kotelettstanze aus diversen Tieren eine schöne Scheibe rausstanzen. Grill anfeuern, Tierteile drauf, fertig! Dazu gerne ein kühles Bier.

Neustes Highlight: Summer Rolls!

Zum Asia-Supermarkt fahren, wo man wirklich alles kriegt:

Reispapiertaler
Sojasprossen
Garnelen
Eisbergsalat
Koriander
Minze
Salzige Erdnüsse
Frühlingszwiebeln
Erdnusssoße
Sojasoße
Süß-saure Soße
Avocado
Mango
usw., der Phantasie sind da keine Grenzen gesetzt.

Alle Zutaten, außer den Reispapierblättern und den Soßen, kleinhacken, Reispapier kurz wässern, so viel wie möglich Zutaten rein, Soße drüber und gut zu einer Rolle zusammenrollen, Enden verklappen, fertig!

Jedweden Kuchen

… kann man prima beim Bäcker kaufen.

Sie müssen mir glauben, dass diese Liste natürlich nur ein ganz erbärmlicher Abklatsch meiner Kochfähigkeiten ist. In echt bin ich selbstverständlich eine Virtuosin an der Klaviatur des Herdes, und pssst: Lieferando ist in meinen Handy-Favoriten auf Platz 1, zwinker, zwinker.

So, was brauchen wir noch? Ach ja. Ein Schlusswort. Bitte sehr!

Schlusswort

Hier auf dieser letzten Seite will ich stehen,
ganz allein,
will zuletzt ins Büchlein schreiben,
will zuletzt vergessen sein.

Leute, das war's! Herrlich war diese Reise mit euch. Ich finde, wir sollten uns jetzt endlich mal duzen. So viel haben wir zusammen durchgemacht.

Leckeres Essen, fieses Essen, lachen und weinen: Jetzt sind wir aber wirklich Freunde!

Vielleicht habt ihr beim Lesen ja ein bisschen zugenommen. Mein Buch soll ja hervorragend zu Tee und Keksen passen, und das Papier – hab ich mir vom Verlag gewünscht – darf gerne saugfähig sein, falls ihr eher der Chips-Typ seid oder mal mit dem Kakao kleckert. Oder ihr habt abgenommen. Vier Stunden lesen verbrennen angeblich fast sechshundert Kalorien! Mist, ich hätte mehr Fremdwörter einbauen sollen, denn bei schwerer Lektüre purzeln sicher die Pfunde nur so. Naja, beim nächsten Mal. Was auch geht: einfach noch mal lesen. Wie viele Kalorien ich wohl beim Schreiben verbrannt habe? Und warum habe ich nicht abgenommen? Fragen über Fragen, die wir vielleicht im nächsten Buch klären.

Was? Euch hat das alles nicht gefallen? Dann seid ihr aber auch wirklich selber schuld, dass ihr den Quatsch bis hierhin gelesen habt.

Also, ich hatte großen Spaß! Beim Schreiben, Erinnern und den Zwischenmahlzeiten, und auch bei der Vorstellung eurer Gesichter beim Lesen. Manchmal werdet ihr mich laut beschimpft haben, und manchmal lagen wir uns wahrscheinlich mental in den Armen.

Wie es auch sei. Ich hab das Essen lieb und euch auch! Macht's gut, bis zum nächsten Ma(h)l!

Ciao mit V!

Tschüss mit üss!

Auf Wiedersehen mit Piedersehen!

Eure Mirja

P. S. Für die Nörgler: Ihre Mirja

P. P. S.: Jetzt darf aber auch keiner mehr was sagen, das war ja das Schlusswort. Legt das Buch weg. Oder ich hör auf zu schreiben!

P. P. P. P. P. P. S.: Nein! Aus!

Ihr dachtet doch nicht wirklich, dass das schon alles war. Wie lange kennen wir uns jetzt schon? Hm?

Nachdem ich so viel geschrieben habe, kommt endlich einmal IHR zu Wort. Die Leser! Im Folgenden dürft ihr eurer Meinung freien Lauf lassen. So wie die Menschen, die mein Buch vorab schon lesen mussten, durften, teilweise haben sie die Rezensionen aber schon geschrieben, bevor ich mit dem Buch angefangen hab. Hier eine kleine Auswahl:

Rezensionen oder Stimmen aus dem Volk

»Prima, Mäuschen!«
(Meine Mutter)

»Also, ihre Salatblätter sind immer sehr frisch.«
(Fritzi, unsere Wüstenrennmaus)

»Der Mensch denkt durchschnittlich fünfundzwanzig Mal am Tag an Sex, und Essen ist die Erotik des Alters. Endlich ein nachhaltiger Begleiter für alle Lebensphasen. Danke, Mirja Boes!«
(Philipp Bardenberg, Bassist – Honkey Donkeys)

»Endlich mal jemand, der nicht auf Teufel komm raus jeden Fettnapf vermeiden will! Vor allem nicht, wenn es Rosmarinkartöffelchen dazu gibt. Weiter so!«
(Philipp Bardenberg, Bassist – Honkey Donkeys)

»Mirja Boes schreibt sich um Topf und Kragen! Eine herrliche Spanferkelei! Ich glaub, mein Schwein pfeift.«
(Philipp Bardenberg, Bassist – Honkey Donkeys)

»Spargelstange, Fleischkloß, Thüringer, Frankfurter im Schlafrock oder ohne alles. Mirja Boes hatte sie alle: Eine kulinarische Reise von Niederrhein bis Obergärig.«
(Philipp Bardenberg, Bassist – Honkey Donkeys)

»Lecker, lecker, lecker, lecko mio!«
(Italiener an der Ecke)

»Ich habe dieses Buch so schnell gelesen, wie Mirja es gesprochen hätte. Ich war nach sechs Minuten fertig. Hatte leider gar keine Zeit, mich mit dem Inhalt auseinanderzusetzen. Jetzt habe ich leider schon wieder alles vergessen. Ich werde mir aber auf jeden Fall das Hörbuch kaufen. Cool!«
(Simon Manthey, Gitarrist – Honkey Donkeys)

»Ein sehr durchschaubares Werk. Auf der zweiten Seite war schon klar, wer der Mörder war. Schade!«
(Siggi D. aus P. an der F.)

»Ein geniales Machwerk!«
(Mirja Boes, Autorin)

»Mirja Boes sagt und schreibt immer lustige Sachen. Vielleicht könnte sie auch beruflich daraus etwas machen.«
(Michael S.)

»Viele Dinge waren völlig irreführend. Die Strickanleitung für den Winterpulli habe ich überhaupt nicht verstanden.«
(Gisela M.)

»Mir hat besonders die Tiefgründigkeit dieses literarischen Epos gefallen.«
(Mirja Boes, Autorin)

»*Frei nach Andreas Möller:* Pizza oder Paella? – Hauptsache italienisch!«
(Andi M.)

»Das Gedicht ist kaka!«
(frecher Junge aus der Nachbarschaft)

»Sie gibt wirklich immer gutes Trinkgeld.«
(Lieferando-Mann)

»Ich mag die Schriftart! Ist das Courier New, 12 Pt.? Und die Punkte auf i, ü, ä und ö. Wie drollig die aussehen!«
(Engelbert F.)

»An sich ein lustiges Buch. Aber einige Gedanken wurden nicht bis zu Ende«
(Leider fehlte hier auch der Absender)

»Danke, Merkel!«
(Ich verrat bestimmt nicht, wie ich heiße.)

»Vielen Dank an Frau Mirja Boes! Ihr Buch ist ausgesprochen nützlich, um damit jaulende Katzen zu bewerfen.«
(Diethelm G.)

»Mami ist manchmal ein bisschen lustig verrückt.«
(Matti, mein Jüngster)

»Mami hat herausgefunden, ist dann aber wieder reingekommen.«
(Michel, mein Ältester)

»Beim Kochen ist es wie im echten Leben.
Manchmal geht's so richtig schön daneben.
Ob Mirja besser tanzt, singt und swingt
oder mit Verve und Geschick den Kochlöffel schwingt,
das spielt überhaupt keine Rolle.
Am Ende zählt, sie ist 'ne ganz Tolle!
Her mit den Rezepten und ran ans Lesen!
Und kocht so, als wär's das erste Mal gewesen,
denn kochen ist wie gute Comedy:
jeden Tag neu, anders und endet nie!«
(Christian Rach)

»Dass sie witzig ist, wusste ich schon lange. Dass sie richtig Ahnung vom Kochen und Essen hat, habe ich in den vergangenen Jahren erfahren. Wie sie das alles im Buch verbindet, das macht Appetit auf mehr!«
(Reiner Calmund)

»Am besten fand ich die Rezensionen am Ende.«
(Jörg Ü.)

Ich hoffe, das war genug Inspiration. Jetzt sind Sie dran. Diese letzte Seite gehört nur euch, liebe Leser. Macht was draus!

Toll! Vielen Dank!

Danksagung

Einen hab ich noch:

Ich danke meiner Lektorin Lexa – für liebe WhatsApp-Nachrichten, die mich beim Schreiben warmgehalten haben.

Meinem Manager Peter Band – für das hartnäckige in den Arschtreten über die Jahre, doch endlich ein Buch zu schreiben.

Der lieben Manu – für das Abtippen meiner Endloslangensprachnachrichten.

Vor allem aber Jörg Uebber – und du weißt genau wofür (nicht das, was ihr jetzt schon wieder denkt).

Natürlich danke ich auch meiner Familie für ihre Geduld, wenn Mutti mal wieder einen kreativen Schub hatte.

Danke an meine Jungs, dass neben dem Homeschooling auch mal 1,5 Stunden draußen alleine gekickt wurde, ohne dass ständig die Blutgrätsche angewendet wurde – dies sicherte einige Kapitel.

Meinem Freund fürs Zuhören, wenn ich mich im Vorfeld schon ausgiebig über mein Selbstgeschriebenes gefreut habe.

Meiner Mum für's Erinnerung auffrischen, Partysalatrezepte, und sowieso ...

Und natürlich meinem Dad – für alles!

Quellenverzeichnis

Auf der Nutellacouch mit Colt Seavers, Ei und Zwiebel

https://de.wikipedia.org/wiki/Zwiebel

https://www.sueddeutsche.de/leben/freizeit-zwiebel-ist-heilpflanze-des-jahres-2015-dpa.urn-newsml-dpa-com-20090101–140604–99–02469

https://www.heilpraxisnet.de/naturheilpraxis/heilpflanze-des-jahres-2015-die-zwiebel-2014060417804/

https://www.karger.com/Article/Fulltext/380921

https://www.zm-online.de/news/nachrichten/zwiebel-ist-heilpflanze-des-jahres-2015/

https://www.pharmazeutische-zeitung.de/2014–06/2015-zwiebel-ist-heilpflanze-des-jahres/

https://de.wikipedia.org/wiki/Die_Biene_Maja_–_Der_Kinofilm

https://www.amazon.de/Biene-Maja-Cosma-Shiva-Hagen/dp/B00MF74XVS

https://www.amazon.de/Die-Biene-Maja-Honigspiele/dp/B079PDLDC7

https://www.kika.de/die-biene-maja/sendungen/die-biene-maja-die-honigspiele-102.html

http://www.filmstarts.de/kritiken/244520.html

Vive la Pâté! Es lebe die ausländische Leberwurst

https://falschzitate.blogspot.com/2018/07/gesetze-sind-wie-wurste-man-sollte.html
https://www.wurstakademie.com/blog/otto-von-bismarck-ueber-die-wurst
http://www.zeit-und-wahrheit.de/bismarck-zitat-je-weniger-die-leute-davon-13089/
https://zitate.woxikon.de/coole/3691-otto-von-bismarck-je-weniger-die-leute-davon-wissen-wie-wuerste-und-gesetze-gemacht-werden-desto-besser-schlafen-sie
https://de.wikipedia.org/wiki/Sülzeunruhen

Worte für die vielleicht drölftschönste Sache der Welt: Das Kotzen

https://www.duden.de/synonyme/brechen
https://de.wikipedia.org/wiki/Erbrechen

Diäten: 3. Versuch! – Zahnpelzige Fleischfresserzombies gegen puddingkackende Gurkendiebe

https://www.fitforfun.de/abnehmen/gesund-essen/ernaehrung-achtung-zuckerfalle-versteckte-zuckerbomben-in-lebensmitteln_aid_13833.html
https://www.ndr.de/ratgeber/verbraucher/Versteckter-Zucker-in-vielen-Lebensmitteln,zucker670.html
https://de.wikipedia.org/wiki/Ketose_(Stoffwechsel)
https://de.atkins.com

Der braune Sack oder auch: Mister Magendeponie
https://www.bmu.de/themen/wasser-abfall-boden/abfallwirtschaft/abfallarten-abfallstroeme/bioabfaelle/das-gehoert-in-die-biotonne/

Die Weizenmehlsymphonie – Meine Ode an das Toastbrot
https://de.wikipedia.org/wiki/Toastbrot
https://de.wikipedia.org/wiki/Maillard-Reaktion

Schlusswort
https://www.fatsecret.de/Fitness/lesen